U0828798

顾炎武信札释读（选编）

昆山市档案馆（地方志办公室）
昆山市顾炎武研究会
编

古吴轩出版社

图书在版编目（CIP）数据

顾炎武信札释读：选编 / 昆山市档案馆（地方志办公室），昆山市顾炎武研究会编．-- 苏州：古吴轩出版社， 2022.12
ISBN 978-7-5546-2054-0

Ⅰ．①顾… Ⅱ．①昆… ②昆… Ⅲ．①顾炎武（1613-1682）－书信集 Ⅳ．①B249.1

中国版本图书馆CIP数据核字（2022）第242857号

责任编辑：黄菲菲
装帧设计：韩桂丽　顾　易
责任校对：李　倩
责任照排：吴　静

书　　名：顾炎武信札释读（选编）
编　　者：昆山市档案馆（地方志办公室）
　　　　　昆山市顾炎武研究会
出版发行：古吴轩出版社
　　　　　地址：苏州市八达街118号苏州新闻大厦30F
　　　　　电话：0512-65233679　　邮编：215123
印　　刷：苏州市越洋印刷有限公司
开　　本：889×1194　1/32
印　　张：6.5
字　　数：133千字
版　　次：2022年12月第1版
印　　次：2022年12月第1次印刷
书　　号：ISBN 978-7-5546-2054-0
定　　价：68.00元

如有印装质量问题，请与印刷厂联系。0512-68180628

《顾炎武信札释读（选编）》编委会

主　　编：朱建忠　陈建林

副 主 编：苏　晔

执行主编：郭志昌

成　　员：单宪年　马一平　张银龙　徐　琳

杨伟娴　何旭倩　谢玉婷

编辑说明

1.本书所收信札来源以《蒋山佣残稿》《亭林佚文辑补》为主，不同来源在“注释〔1〕”中说明。

2.原标题相同的，在原标题后加上首句提示，以便读者翻检利用。

3.大致按写作时间排序，标题下的写作时间及地点为编者所加。

4.本书所收信札，修正了此前各版本中出现的重复（一信两题或多题）、断章取义、掐头去尾等情况；对于原本就缺失的情况，尽量加以说明。

5.个别生僻字，在注释时括注汉语拼音，方便读者理解。

6.除个别人名外，书信正文以规范简体字收录。

7.通假字、避讳字等，一仍原文，不做修改。

目录

编辑说明

001　赠归玄恭序
006　与归庄手札（别兄归至西斋）
009　与归庄手札（日来契阔）
012　与归庄手札（弟终日碌碌运甓）
015　与归庄手札（醉德无何）
018　答再从兄书
029　与颜修来手札（《诗本音》二册送上）
031　与颜修来手札（大作清劲）
033　与颜修来手札（弟以今六月至雁门）
036　与颜修来手札（捧读大章）
039　与颜修来手札（鲁公书《家庙碑》）
041　致归元恭札
048　与王略
052　上国馨叔

055　与原一甥
061　与人书（怨双仇对）
065　与颜修来手札（康熙七年二月十五日）
074　与人书一
078　与潘次耕札
082　答人书
085　与魏某（顷至关中）
088　与潘次耕
092　与人札
096　覆智粟书
099　与叶嵋初
104　寄王仲复先生书
107　与黄太冲书
114　与魏某（春杪一别）
116　答陈亮工

119 答李紫澜
126 与李湘北学士书
132 与人书三
134 与人书六
136 与人书十
138 与人书十五
140 与人书二十一
142 与人书二十二
146 与李霖瞻
150 与叶讱庵书
154 复迟明府书
158 与苏易公
162 与施愚山
167 与友人辞祝书
172 与侄公成

174　与公肃甥书
178　与公肃甥
180　与弟大云
183　复张廷尉书
188　答王山史
190　病起与蓟门当事书

195　编后记

赠归玄恭序[1]

崇祯十一年(1638)　南直隶昆山

丁丑之岁[2],归子以试黜于有司[3]。伻[4]来告予曰:“赠我以言乎?”属予以冗,弗能也[5]。

明年,予来巴城[6],归子语曰:“至彼所作文,愿惠示。”居二日,有感而为书以遗之曰:

夫人之所不可恃者有二,一曰美名也,一曰天资也。始吾见人之少也,其乡之人称之曰:“某也才,科第不足言也。”曰:“某也好学,是能嗣前人之武[7]者也。”一二十年之后,犹困于场屋[8],其人之齿长矣,而乡之人遂以老诸生待之,没世而无闻者比比[9]然也。始吾见人之少也,过目成诵,同学之士咸以为莫及也。一二十年之后,事物交乎前,思虑乱乎内,昏然不复能记,盖将求如总角之年[10]而有不可得者矣。今人之禀不及古初,五十始衰,过此,木斯拱矣[11]。自其十五入大学以至于五十之年,其有用于世者仅三十余年,而三十余年之中,又必其方壮之年,神全而气锐,可以有志于学,苟于此而日知其所亡焉，过是以往，温故而知新，其可矣。《记》曰：“时过然后学，则勤苦而难成。”吾与子之生，二十有六年矣。追念五六年来，陌尘满衣，其得与子旬月偕也，盖无何[12]矣。而群居之日，又不免于好行小慧[13]之讥。日月其慆[14]，伯玉之非[15]，何待行年五十而始悟乎？归子勉乎哉！

韩子[16]有言：“子厚[17]斥不久，穷不极，其文学词章，必不能自力以致必传于后，无疑也。”然则士患志不立耳，无以所遇为念。

弟绛[18]顿首，上玄恭兄。

注　释：

〔1〕本文录自上海图书馆所藏《国朝名人手翰·颜氏家藏尺牍》，仅见于《顾炎武全集（21）》一书，其他版本未见收入。归玄恭，即归庄，顾炎武在家乡时最好的朋友。

〔2〕丁丑之岁：即明崇祯十年（1637）。

〔3〕以试黜于有司：参加官方举办的科举考试，但落选了。

〔4〕伻：出使，令使，代指使者。

〔5〕属予以冗，弗能也：叮嘱我说文章可以写得稍长一些，我没有做到。

〔6〕巴城：昆山西北部的一个镇，时属昆山朱塘乡。

〔7〕嗣前人之武：跟随着前人的脚印前行。嗣，接续，继承。武，足迹。

〔8〕困于场屋：顾炎武《日知录·场屋》：“场屋者，于广场之中而为屋，不必皆开科试士之地也……”此处指为科举考试所困，天天闷头在书房中读书。

〔9〕比比：到处，处处。

〔10〕总角之年：泛指年少之时。《诗·齐风·甫田》：“总角丱兮。”角，小髻。丱，儿童的发髻向上分开的样子。《礼记·内则》：“拂髦，总角。”郑玄注：“总角，收发结之。”后因称童年时代为“总角”。

〔11〕木斯拱矣：比喻行将就木。《吕氏春秋·安死》以六十岁为中寿，但古人一般是活不到这个年龄的，假如在此前死去，到这时墓上的树木已经有两手合围的粗细了。拱，两手合围的粗细。

〔12〕无何：没有多久，不久。

〔13〕好行小慧：耍个小聪明，显示自己的过人之处。

〔14〕慆（tāo）：逝去。《诗·唐风·蟋蟀》：“今我不乐，日月其慆。”

〔15〕伯玉之非：比喻知道自己以前不对。出自《淮南子·原道训》：“故蘧瑗伯玉年五十，而有四十九年非。”伯玉，即蘧瑗，字伯玉，春秋时卫国人。

〔16〕韩子：指韩愈。

〔17〕子厚：即唐代文学家柳宗元，字子厚。

〔18〕绛：顾炎武谱名绛，更名继绅，后仍名绛，入清后改炎武。

简　析：

这是顾炎武写给归庄的一篇赠序，也可以当作一封信来读，但要比信来得庄重与正式，同时也没有什么私密性可言。

归庄（1613—1673），字玄恭，号恒轩，别号普明头陀等。归有光曾孙，归昌世第四子。明末清初著名诗人、书画家。昆山人。少通五经，工书法，善墨竹，嗜酒，为人豪放不羁。与顾炎武同年生，两人十八岁同入复社，被人并称为“归奇顾怪”。其《万古愁》一诗十分著名，顺治帝曾命乐工谱曲以供佐餐之用。曾参加抗清斗争。顺治二年（1645）六月，邑人杀署令，闭城拒守，归庄亦参与，俄城破，遂亡命，一度为僧，往来江湖间。后隐居乡野。晚年贫甚，僦居僧舍。致力于汇刻曾祖归有光全集而未竟。生平与顾炎武最友善，两人以博雅独行相推许，而俱不谐于俗。卒年六十一。所著多散佚，后人整理为《归庄集》。

赠序，是古代一种惜别赠言性质的文章，内容多是对所赠亲友的赞许、推重或勉励之辞。这篇赠序，是目前能看到的顾炎武最早的文字作品，价值不言而喻。

从这篇赠序中可以得知，在崇祯十年（1637）的科举考试中，归庄落榜了。顾炎武把自己的事情放在一边，格外地关心起自己的朋友来。作为最知心的朋友，他在这篇赠序中告诫归庄说，一个人不要把美名和天资作为炫耀的资本，那是极靠不住的，这种现象，他见得多了。乡间有不少年轻人，从小被人捧得头脑发昏，洋洋自得，结果一二十年后，还困在故纸堆里走不出来，没有求得半点功名，被人们称为“老诸生”，就和王安石笔下的神童方仲永后来“泯然众人矣”一样。

顾炎武指出，人生最美好的年华其实也只有三十多年，此时正处于方壮之年，神全气锐，记性好，理解快，最容易出成果，但是“时过然后学，则勤苦而难成”，错过了这么美好而珍贵的学习时期，等到上了年纪再回过头来刻苦努力地学习，是难以有成就的。两人这年已经二十六岁了，正式订交也不过才五六年的时间，朝夕相处的时间其实也没有多少日子，况且年轻人在一起，少不了自我吹嘘和炫耀，有时还要耍个小聪明显摆一下。“今我不乐，日月其慆”，及时行乐的思想比较严重，结果白白浪费了不少时间。这样的道理，绝不可等到五十岁以后才想明白，要不断地勉励自己才行啊！

韩愈在《柳子厚墓志铭》中说过：“子厚斥不久，穷不极，虽有出于人，其文学词章，必不能自力以致必传于后如今，无疑也。虽使子厚得所愿，为将相于一时，以彼易此，孰得孰失，必有能辨之者。”他说得多好啊！一个人要想有所成就，不要“常立志”，而要“立长志”；不要老是埋怨时间不够、环境不好，而要自觉地抓紧时间去学习、去争取，才能达到自己的目的。

这是顾炎武年轻时写下的一篇充满正能量的励志文章，能激励青年趁大好时光，抓紧时间，多读书，读好书，不要虚掷光阴，浪费甚至挥霍时间，而要不断地充实自己的知识储备，为将来奋发有为而做好准备。

与归庄手札（别兄归至西斋）[1]

崇祯十三年（1640）冬　南京

别兄归至西斋，饮酒一壶，读《离骚》一首，《九歌》六首，《九辩》四首，士衡[2]《拟古》十二首，子美[3]《同谷》七首、《洗兵马》一首。壶中竭，又饮一壶。夜已二更，一醉遂不能起，日高三四丈犹睡也。月之二日将往千墩[4]，面兄之期当在初七八。届时更以酒三爵[5]、榼[6]一架奉访于西郊，与兄考五经、谱四声，可哉？

弟绛顿首。玄恭仁兄。

注　释：

〔1〕本文原载于《亭林佚文辑补》，录自仁和吴昌绶藏本，为潘耒所刻《亭林文集》未收佚文，是顾炎武写给归庄的信。手札，亲笔写的书信。

〔2〕士衡：即晋陆机，字士衡。

〔3〕子美：即唐杜甫，字子美。

〔4〕千墩：顾炎武的故乡，在江苏昆山城南三十六里处，当时属沪川乡，现为昆山市千灯镇。

〔5〕爵：古代的酒器，犹今之杯。

〔6〕榼（kē）：古代盛酒或贮水的器具。

简　析：

被人称为“归奇顾怪”的两位大家，虽然都已人到中年，但仍都是好酒之徒，都有着大户人家读书人的豪爽和大气。和归庄分别后回到西斋（位于今昆山老城区柴王弄“遗清堂”遗址），顾炎武边读书边饮酒，才读了古时候几位诗人的三十来首诗，便把一壶酒给喝完了，又喝一壶，结果才二更天便一醉不起了，一直睡到第二天日上三竿还没起来。他在信里告诉归庄，自己第二天将回一趟千墩，和归庄见面要到初七或初八了，到时候再带上几坛子酒到西郊去拜访归庄，与归庄边饮酒边考五经、谱四声。

顾炎武青少年时期生活在千墩，十三岁到昆山城里的县学读书。归庄祖上生活在昆山城里集街一带，归庄本人于明万历四十一年（1613）农历七月十四日出生于县城西北郊的积善乡李巷。他和顾炎武确立朋友关系是在崇祯六年（1633），那时两人都已经二十一岁了。从此，两人持续一生的友谊开始了，并且这份珍贵的友谊在日后的家难、国变、灾害、战乱中经受住了考验。

崇祯十三年（1640），在县学读书期间，归庄和顾炎武、顾锡畴、叶奕荃、叶培恕等几位诸生集资修治过县文庙里的明伦堂。这一年里，顾炎武除了去过一次千墩，基本上都在昆山老城里生活和学习，因为几次考试均未通过，尚未取得参加乡试的资格，他在县学里的学习还没有结束。此前，顾炎武虽然科场失意，然而尚未失去诸生的身份，因此还可参加这一年十二月的岁试，幸而这次考了个二等，看来还是有希望的。年底，顾炎武嗣祖父顾绍芾身体已经每况愈下，大不如前，过年后仅一个多月便去世了。因为要守孝，此后顾炎武三年之内不得参加任何考试。

这封信写在顾炎武参加岁试之前，虽然篇幅不长，但写得十分洒脱，意气风发，娓娓道来，如同在和朋友当面叙说，可见两人之间如兄弟般的感情，有话直说，毫无顾忌与遮掩，就连问话，也显得直率和真诚。从中我们可以看出两人身上所具有的开朗性格的一个侧面，没有虚伪的客套，处处显示出真情和尊重。

与归庄手札（日来契阔）[1]

崇祯十四年九月（1641年10月）　南直隶昆山

日来契阔[2]，思君如三秋矣！欲与三哥[3]一谭[4]，未得。适有菊数本[5]，可偕一至否？如可，当具日以请。

辞曰：数日不见，如三秋兮。鞠有黄华[6]，可以游兮。彼姝者子，酌言酬兮[7]。陈馈八簋，无我尤兮[8]。

弟绛启[9]。玄翁[10]。

注　释：

〔1〕本文原载于《亭林佚文辑补》，录自仁和吴昌绶藏本。

〔2〕契阔：久别。

〔3〕三哥：归庄本来排行第四，因长兄早逝，故有时也被称为老三。

〔4〕谭：同“谈”。

〔5〕数本：几株，几盆。

〔6〕鞠有黄华：有黄色的菊花。鞠，通“菊”。

〔7〕彼姝者子，酌言酬兮：那个美丽的女子，我该选择什么样的语言献给她呢？

〔8〕陈馈八簋（guǐ），无我尤兮：我准备好了酒具静候着贵客的到来，没有做得不到位的地方。簋，古代盛食物的器具，圆口，圈足。尤，过失。

〔9〕启：陈述。

〔10〕玄翁：对归庄的尊称。

简　析：

年轻时，顾炎武的日子过得是十分惬意的，他毕竟还算是一个富家子弟。那时他和归庄一起在县学里读书，当时两人还未确立朋友关系。两人在1633年订交，从此开始了长达几十年的友谊。即使在嗣祖去世（1641年3月）之后、家难发生（1641年11月）之前的半年多时间里，顾炎武的生活也是正常的、无忧无虑的。于是，在参加过上一年的科考而落榜之后，他的心情反而变得轻松了起来，他下定决心"退而读书"，并开始了《天下郡国利病书》和《肇域志》两部大书的编纂工作。从国家层面来看，正如顾炎武后来在给三外甥徐元文（字公肃）的信《答徐甥公肃书》中所说："忆昔庚辰、辛巳之间，国步阽危，方州瓦解，而老成硕彦，品节矫然，下多折槛之陈，上有转圜之听。思贾谊之言，每闻于谕旨；烹弘羊之论，屡见于封章。"虽然处在多事之秋，存于危难之际，但崇祯皇帝统治下的大明王朝，在政治上还算开明，朝野之人还是可以无所顾忌地建言献策。

在这种形势下，顾炎武忙里偷闲，中秋节前得到了几盆名贵的黄色菊花后，他甚至有心情和雅致向归庄发出邀请，请归庄前来饮酒赏花。“八月桂花九月菊”，这时应该是在农历的九月份。这段时间也是顾炎武和归庄两人在明朝灭亡之前少有的一段快乐时光。

与归庄手札（弟终日碌碌运甓）[1]

崇祯十五年（1642）

弟终日碌碌运甓[2]，而兄终日酣饮瓮中物[3]，此殆天乎？弟诗不足观，以比兄作，则瓴甋之于宝鼎矣[4]。何足污翌[5]！敬完赵[6]。吾辈不能多读书，未宜轻作诗文，如盆盎中水，何裨于沧海之大，只供人覆瓿[7]而已。予将守口如瓶，不作雷鸣之瓦釜[8]矣。

弟绛顿首。玄恭兄。

注　释：

〔1〕本文原载于《亭林佚文辑补》，录自仁和吴昌绶藏本。

〔2〕碌碌运甓（pì）：此处为自谦之语，顾炎武形容自己天天读书作文，就像搬砖似的，忙得不亦乐乎。甓，砖。

〔3〕瓮中物：指酒。据乾隆《昆新合志》记载：归庄性豪放，善饮，酒酣落笔，辄数千言不能止；为诸生，应院试，酒瓶累累笔墨间。顾炎武《哭归高士》四首也称他“生耽一壶酒，没

无半间屋”。

〔4〕瓴甋（líng dì）之于宝鼎矣：谦辞，顾炎武是说相较于归庄像宝鼎一样的诗作，自己的诗只是极普通常见的砖瓦而已。瓴甋，泛指砖。《尔雅·释宫》：“瓴甋谓之甓。”郭璞注：“甗砖也。今江东呼瓴甓。”蔡邕《吊屈原文》：“啄碎琬琰，宝其瓴甋。”瓴，瓦沟，指房屋上仰盖的瓦。甋，长方砖。

〔5〕翣（shà）：扇子。

〔6〕完赵：完璧归赵的省称。事见《史记·蔺相如传》，后因称归还无损的原物为“完赵”或“完璧”。此处指将归庄的诗作归还给他。

〔7〕覆瓿（bù）：谦辞，指自己的著作只能用来盖酱罐。瓿，古代盛酱醋之类的瓦罐。

〔8〕雷鸣之瓦釜：出自《楚辞·卜居》：“黄钟毁弃，瓦釜雷鸣。”意为把黄钟砸烂并抛于一边，而把泥制的瓦缶敲得如雷鸣轰隆。比喻有才德的人被弃置不用，而无才德的平庸之辈却居于高位。这里是作者的自谦之语。瓦釜，瓦缶，小口大腹的瓦器，喻平庸之人。

简　析：

这封信是顾炎武以调侃的口气写给归庄的。顾炎武觉得自己的诗写得远没有归庄的好，两相比较，就好像普通的砖瓦和宝鼎摆放在一起一样，自己的诗抄在扇面上简直是玷污了扇子！同时他认为，他们这一代人由于环境和战乱的影响，没有能够读到更多的书，因此也不可轻易地下笔作诗文；在浩如烟海的中华优秀传统文化典籍面前，他们掌握的知识和自己的所谓作品，就如同瓦盆瓦罐中的水一样渺小，不值一提，只能让人拿来盖那些瓶瓶罐罐的口儿而已。因此他决定，自己绝不轻易作诗，不写那些虚张声势、貌似高深的作品。短札体现了作者谦虚谨慎的治学精神和珍惜时间的刻苦态度。

与归庄手札（醉德无何）[1]

崇祯十六年四月（1643年5月）　南直隶昆山

醉德[2]无何，忽云改岁，兄今其脱然[3]愈乎？弟则马学上[4]所云："百忧熏心，三冬少暇。"往日之举，犯而不校[5]，逆兽[6]已无所用其炰烋[7]，今乃黑夜令人纵火，焚佃屋一所。弟既荡无一椽，仆辈亦瞻乌靡集[8]。夫行强[9]虽武士之恒谈，火攻则兵家之下策。况于临池之畏，实为扇焰之谋[10]，包藏祸心，日甚一日。公宫之火，先告于寺人[11]；陵门之戟，首诛乎元济[12]。燎原之恶已盈，自焚之祸行及。布诸左右，凭楮[13]怆然！

元恭仁兄足下[14]。弟绛顿首。

注　释：

〔1〕本文原载于《亭林佚文辑补》，录自清张穆《顾亭林先生年谱》。

〔2〕醉德：醉酒饱德的省称，用为酬谢饮宴之词。

〔3〕脱然：逃脱，免祸。

〔4〕马学上：上，一作“士”。

〔5〕犯而不校：被别人冒犯或无礼对待也不计较。犯，冒犯。不校，不予计较。

〔6〕逆兽：指顾炎武的从叔父顾叶墅（字季皋）、再从兄顾维等人。顾炎武嗣祖顾绍芾、亲哥哥顾缃相继离世后，顾炎武家遭难失火。顾炎武称顾维等人为“逆兽”，可见对他们愤恨到了何种程度。

〔7〕炰烋（páo xiāo）：犹咆哮。

〔8〕瞻乌靡集：比喻栖身无地。出自《诗·小雅·正月》：“瞻乌爰止，于谁之屋？”靡，无。

〔9〕行强：指劫掠、杀人等暴行。

〔10〕扇焰之谋：比喻煽风点火，推波助澜。扇，摇动。

〔11〕公宫之火，先告于寺人：出自《左传·僖公二十四年》：“吕郤畏逼，将焚公宫而弑晋侯。寺人披请见，……公见之，以难告。三月……己丑晦，公宫火。”公，指晋侯。寺人，宫廷内的近侍。

〔12〕陵门之戟，首诛乎元济：疑指唐宪宗元和十二年（817）平淮蔡，诛叛藩吴元济一事。《新唐书·吴元济传》引韩愈《平淮西碑》：“帝有恩言，相度来宣：诛止其魁，释于下人。”

〔13〕凭楮：指面对着信纸。凭，面对。楮，纸的代称。

〔14〕仁兄足下：均为敬辞，书信中称呼朋友。足下，旧时交际用语，下称上或同辈相称的敬辞。

简　析：

归、顾二人之间的通信很多，但到目前为止，仅发现留存八封。前七封写于明朝灭亡之前，内容都是学术、理想及情感上的交流，两人互相探讨，开诚布公，把对方的错误和不足之处，不留情面地讲出来。两人志趣相投，称得上是诤友。而写这封信时，顾炎武已经没有这种闲情雅致了。再从兄顾维一手造成的家难彻底改变了顾炎武的生活和人生道路，他甚至在故乡都待不下去了，带着老母亲和一大家子人到常熟语濂泾避难长达十年之久（间或独自住在南京神烈山下），中间虽然也回过昆山，但因屡遭劫难，很快又被逼回去了。归庄也曾前往语濂泾探望过顾炎武及其家人。这封信就是对家难的彻底揭露，对顾维等人的严厉谴责。顾炎武含泪写下这封信，除了告诉朋友事情的真相之外，也没有别的意思，毕竟四年的官司都打过了，并无丝毫结果，身为朋友的归庄仅仅是小县城里的一介秀才，一个破落家庭的子弟，手无缚鸡之力，又能帮上什么忙呢？

答再从兄书[1]

崇祯十五六年或稍后　南京

开槭[2]睹书。词，侄洪徽[3]之词也；笔，兄之笔也。不答侄而答兄，从质也[4]。乃报书[5]曰：

孰使我六十年垂白之贞母[6]，流离奔迸[7]，几不保其余生者乎？孰使我一家三十余口，风飞雹散，孑然一身，无所容趾[8]者乎？孰使我遗资数千金，尽供猱玃[9]，四壁并非己有[10]，一簪不得随身[11]，绝粒三春[12]，寄餐他氏者乎？孰使我天性骨肉，并畴萋斐[13]，克恭[14]之弟，一旦而纱[15]兄，圣善之母，一旦而逐子，谗人罔极[16]，磨骨[17]未休，怨不期深，伤心最痛者乎？孰使我诸父宗人[18]，互寻仇隙，四载讼庭[19]，必假手剪屠[20]而后快者乎？孰使我四世祖居[21]，日谋侵占，竟归异姓，谢公辞世，不保五亩之家[22]，欲求破屋数间而已亦不可得者乎？孰使我倍息而举，半价而卖[23]，转盼萧然[24]，伍子吹篪，王孙乞食[25]者乎？孰使我一廛[26]不守，寸亩无遗，夺沁水之田[27]，则矫烝尝为号[28]，攘临川之宅[29]，则假庙宇为辞[30]，巧立奇名，并归鲸罟[31]者乎？孰使我旅人焚巢[32]，舟中遇敌[33]，共姬垂逮于宋火[34]，子胥几殒于芦漪[35]者乎？孰使我父母之国，邈若山河[36]，凡我姻友，居停半宿，即同张俭之辜[37]，接话一茶，便等陈容之僇[38]，绝往来，废贺吊，回首越吟[39]，凄其泪下者乎？孰使我岁时蜡腊[40]，伏地悲哀，家人相对，含酸饮泣，叫天而苍苍不闻，呼父而冥冥莫晓者乎？夫人生一世，所怀者六亲[41]也，所爱者身也，所恋者田宅货财也，所与居者姻旧乡曲[42]也，有一于此，必不忍出一旦忿悁[43]之行，而决然与人为难也。举四者[44]而无望焉，情知其必至于死亡，则将有激焉而不暇顾[45]。承来教谆谆[46]，岂不知弟之与兄分属同曾[47]，恩叨[48]再从。第[49]念人之生也，有母而后有兄，母阽危[50]且死，不得顾兄矣；有身而后有兄，身将死，不得顾兄矣。为我也兄者，则必不为主人也暴客[51]；为主人也暴客者，则不为我也兄。人之暴客而我以为兄，不得顾兄矣。今兄曰："主持有人，同谋有人，吾无与焉[52]。"不思燎原之焰，始自何人？虎项金铃，当问系者[53]。况宝玉大弓[54]，未归鲁库；法书名画，尚在桓玄[55]。苟曰事不繇身，何异盗钟之惑[56]？且贞母何辜，遂同抄没；即藐孤[57]有罪，未至流亡[58]。共有人心，得无哀痛！伏冀翻然易虑[59]，"取之以天，还之以天"[60]（郅恽谏王莽语）。俾老母得以粗粝[61]终天年，而八口不至填沟壑[62]，其何乐乎与同枝[63]为不戴之仇[64]也！

昔华元告楚，不隐国情[65]；今计屈途穷，久生亦复何聊[66]！而承命必索报音[67]，敢不具布下忱[68]，仰尘台听[69]，兄实图[70]之。

注 释：

〔1〕本文原载于《蒋山佣残稿》卷一。再从兄，旧时对同曾祖而不同祖父的兄弟一辈称再从兄弟，此文中指顾维。

〔2〕椷（hán）：通“函”。

〔3〕洪徽：顾维胞兄顾缃的儿子。

〔4〕从质也：从事物的本质特征上来说。

〔5〕报书：回信。

〔6〕六十年垂白之贞母：指顾炎武的嗣母王氏。垂白，白发下垂，谓年老，老年人。

〔7〕流离奔迸：指转徙离散。

〔8〕无所容趾：没有立足的地方。

〔9〕尽供猱攫：谓遭盗劫。猱，兽名，猿类。攫，用爪抓取。

〔10〕四壁并非己有：家已经不属于自己了。

〔11〕一簪不得随身：出自《史记·佞幸列传》：“长公主赐邓通，吏辄随没入之，一簪不得着身。”

〔12〕绝粒三春：春季三个月没有粮食吃。

〔13〕并畤萋斐：畤，通“俦”，同类。萋斐，花纹交错的

样子。典出《诗·小雅·巷伯》:“萋兮斐兮,成是贝锦。彼谮人者,亦已太甚!”后用作谗言的代称。

〔14〕克恭:克,能够。恭,恭敬。

〔15〕紾(zhěn):扭转;弯曲。《孟子·告子下》:“紾兄之臂,而夺之食。”

〔16〕谗人罔极:谗人,以言语毁善害能,说别人坏话。罔极,无穷尽。

〔17〕磨骨:比喻折磨之残酷。

〔18〕诸父宗人:诸父,谓叔伯,对同宗伯叔辈的通称。宗人,同宗同族之人。

〔19〕四载讼庭:打了四年官司,最后还是不了了之。讼庭,上衙门打官司。

〔20〕剪屠:斩杀。

〔21〕四世祖居:指顾炎武曾祖父顾章志创建的尚书浦故居。顾炎武《寄弟纾及友人江南·其二》:“吾家有赐茔,近在尚书浦。前区百亩田,后启重门堵。子姓俪成行,科名多接武。家风万石传,花竹平泉圃。蝉联二百祀,魂魄犹兹土。一旦阅沧桑,他人代为主。”即提到四世祖居的概况。顾炎武家的这处祖居,至此时已经住过四代人了。

〔22〕谢公辞世,不保五亩之家:指谢灵运死后,故宅难保之事。此处顾炎武是用谢灵运的遭遇自比。谢公,指谢灵运。

〔23〕倍息而举,半价而卖:谓以加倍利息举债买下,却被迫以半价卖出。

〔24〕转盼萧然：转盼，犹言转看，又指转瞬，形容时间短暂。萧然，萧条，冷清。

〔25〕伍子吹篪，王孙乞食：指伍子胥逃到吴国后，乞食于市之事。《史记·范雎传》："（伍子胥）鼓腹吹篪，乞食于吴市。"《战国策·秦策三》："（伍子胥）坐行蒲伏，乞食于吴市。"伍子，谓伍员，字子胥，春秋时楚国人，父兄皆为楚平王所杀，他逃到吴国，后成为吴王阖闾的重臣。篪，一作箫。

〔26〕一廛：古代一户人家所居之地。《孟子·滕文公上》："愿受一廛而为氓。"

〔27〕夺沁水之田：指东汉窦宪仗势夺取汉明帝刘庄的女儿沁水公主之沁园一事。《后汉书·窦融传》附《窦宪传》："（宪）遂以贱直请夺沁水公主园田，主逼畏不敢计。"此处顾炎武是说自己被人侵占的土地都是好地。

〔28〕矫烝尝为号：假托祭祀的名号。矫，假托，诈称。烝尝，均为古代祭祀名，也泛指祭祀。《诗·小雅·天保》："禴祠烝尝。"毛传："春曰祠，夏曰禴，秋曰尝，冬曰烝。"古时冬祭称烝，秋祭称尝。号，名号。

〔29〕攘临川之宅：攘，侵夺。临川，地名，在今江西抚州，为宋王安石原籍，后人即以临川称王安石。另，临川，也指顾炎武的家，就在昆山千墩镇尚书浦的西岸边上。

〔30〕假庙宇为辞：假借修庙这样的托辞。

〔31〕鲸罟：吞并。鲸，鲸吞的略称。罟，网的通称。

〔32〕旅人焚巢：此指"室庐被焚"一事。《易·旅·上九》：

"鸟焚其巢，旅人先笑后号咷。"旅人，客居在外的人。

〔33〕舟中遇敌：以伍子胥逃难时舟中遇敌自喻。1648年顾炎武三十六岁时，常熟语濂泾的家又为仇人所劫（前甲申十月，昆山千墩家已被劫）。顾炎武秋至湖上，冬抵京口，自此常流转外地，则避仇也。

〔34〕共姬垂逮于宋火：指春秋时期宋伯姬被火烧死之事。《左传·襄公三十年》："五月甲午，宋灾，宋伯姬卒。"《谷梁传·襄公三十年》："伯姬之舍失火，左右曰：'夫人少辟火乎？'伯姬曰：'妇人之义，傅母不在，宵不下堂。'……遂逮乎火而死。妇人以贞为行者也，伯姬之妇道尽矣。"共姬，即春秋时的宋伯姬。垂，将近。逮，及。

〔35〕子胥几殒于芦漪：《史记·伍子胥列传》："伍胥惧，……奔吴，到昭关，昭关欲执之。伍胥……独身步走，几不得脱。追者在后。至江，江上有一渔父乘船，知伍胥之急，乃渡伍胥。"《吴越春秋·王僚使公子光传》："渔父……因而歌曰：'……与子期乎芦之漪。'子胥即止芦之漪。"几，几乎。殒，死亡。漪，岸边。

〔36〕父母之国，邈若山河：指自己被迫远离故土，与故乡就像隔了千山万水一般。

〔37〕居停半宿，即同张俭之辜：半晚上落脚宿停，就如同当年张俭为避追捕，被迫逃走，到别人家去托足安身一般。《后汉书·党锢列传·张俭传》："（侯览、朱并等）遂上书告俭与同郡二十四人为党，于是刊章讨捕。俭得亡命，困迫遁走，望

门投止，莫不重其名行，破家相容。”居停，落脚栖止之处。半宿，半晚上。张俭，字元节，东汉山阳高平人。

〔38〕接话一茶，便等陈容之僇：主人倒一杯茶，听陈容叙说后，便杀害了他。《三国志·魏书·臧洪传》附《陈容传》：“洪邑人陈容，少为书生，亲慕洪，随洪为东郡丞。……（袁）绍令在坐，见洪当死，起谓绍曰……绍惭，左右使人牵出……复见杀。”等，等同。僇，通“戮”，杀害。

〔39〕越吟：吟越国之歌。王粲《登楼赋》：“钟仪幽而楚奏兮，庄舄显而越吟。”

〔40〕蜡腊：古代年终祭祀名。周曰蜡，秦曰腊。

〔41〕六亲：父母、兄弟、妻子为六亲。

〔42〕姻旧乡曲：姻旧，亲戚故旧。乡曲，乡里。

〔43〕忿悁：怨怒，愤恨。

〔44〕四者：指前文所述所怀者、所爱者、所恋者、所与居者。

〔45〕有激焉而不暇顾：激动感情，使之奋发。《汉书》：“彼将有激云尔。”

〔46〕谆谆：教诲不倦的样子。

〔47〕分属同曾：辈分同出于一个曾祖。同曾，谓同出曾祖顾章志。

〔48〕恩叨：恩，指情分。叨，谦辞。

〔49〕第：但。

〔50〕阽危：临近危险。屈原《离骚》：“阽余身而危死兮。”

〔51〕暴客：指暴徒或盗贼。《易经·系辞下》：“重门击

柝，以待暴客。”击柝，即敲更巡夜。

〔52〕吾无与焉：我没有参与其中。与，参与。

〔53〕虎项金铃，当问系者：本佛教禅宗语。《指月录·法灯》：“金陵清凉泰钦法灯禅师在众日……法眼独契重。眼一日问众：‘虎项金铃，是谁解得？’众无对。师适至，眼举前语问，师曰：‘系者解得。’”

〔54〕宝玉大弓：《春秋·定公八年》：“盗窃宝玉大弓。”《左传》：“阳虎说甲如公宫，取宝玉大弓以出。”

〔55〕法书名画，尚在桓玄：《晋书·桓玄传》：“性贪鄙，好奇异，……人士有法书好画及佳园宅者，悉欲归己，犹难逼夺之，皆蒱、博而取。”蒱、博，俱古代博戏名，犹今之赌博。

〔56〕盗钟之惑：喻自欺。《吕氏春秋·自知》：“范氏之亡也，百姓有得钟者，欲负而走，则钟大不可负，以椎毁之，钟况然有音，恐人之闻之而夺己也，遽掩其耳。”即“掩耳盗铃”的寓言故事。

〔57〕藐孤：顾炎武自称。《左传·僖公九年》：“以是藐诸孤。”藐，弱小。孤，无父的人。

〔58〕未至溘亡：不至于忽然死亡。溘，忽然。

〔59〕伏冀翻然易虑：希望你能够幡然醒悟，改变原来的想法。冀，希望。易，更改，改变。

〔60〕取之以天，还之以天：郅恽上书王莽曰：“取之以天，还之以天，可谓知命矣。”

〔61〕粗粝：粗米。

〔62〕填沟壑：谓死亡。人死后需埋于地下，故称。

〔63〕同枝：犹同根，喻兄弟。

〔64〕不戴之仇：指不共戴天之仇。

〔65〕华元告楚，不隐国情：华元，春秋时宋国大臣。《公羊传·宣公十五年》："（楚）庄王围宋，军有七日之粮尔，尽此不胜，将去而归尔。于是使司马子反乘堙而窥宋城。宋华元亦乘堙而出见之。司马子反曰：'子之国何如？'华元曰：'惫矣。'曰：'何如？'曰：'易子而食之，析骸而炊之。'司马子反曰：'嘻，甚矣惫！虽然，吾闻之也，围者柑马而秣之，使肥者应客，是何子之情也？'华元曰：'吾闻之，君子见人之厄则矜之，小人见人之厄则幸之。吾见子之君子也，是以告情于子也。'司马子反曰：'诺，勉之矣。吾军亦有七日之粮尔，尽此不胜，将去而归尔。'"乘堙，登上土山。柑马，使马口衔木，不令食粟。《左传·宣公十五年》："宋人惧，使华元夜入楚师，登子反之床，起之曰：'寡君使元以病告曰：敝邑易子而食，析骸以爨，虽然，城下之盟，有以国毙，不能从也。去我三十里，唯命是听。'……宋及楚平。"顾炎武以华元告楚自喻，表示讲的都是实情。

〔66〕聊：依赖。

〔67〕承命必索报音：奉命必讨回音。

〔68〕具布下忱：陈述真诚的心意。具布，陈述。下，谦辞。忱，真诚的心意。

〔69〕仰尘台听：仰，敬辞。尘，同"陈"。台，敬辞。听，听取。

〔70〕图：谋划。

简　析：

本篇当作于崇祯十五六年或稍后，是顾炎武写给再从兄顾维的一封信。顾维，字仲隅，号弱予，是顾炎武本伯父顾同德之子。顾炎武在襁褓中即被过继给了早逝的叔父顾同吉，由未嫁而过门的嗣母王氏养育成人。按封建礼法，顾同吉的家产本应由顾维继承，但顾同德十分大义地将顾同吉的家产让给了顾炎武。顾维十分不满，记恨在心，在顾同德去世后欲将这份家产夺回，于是与顾炎武的从叔顾叶墅相勾结，挑起事端，屡构家难，四载讼庭，互寻仇隙，使得顾炎武生父一支三十余口风飞雹散。不到三十岁的顾炎武被迫偕嗣母率家人迁居常熟之唐市语濂泾，十月再归千墩，房屋竟遭焚劫，遂于年底又迁回语濂泾。多次往返，终至家破人亡。清兵南下以后，顾炎武嗣母绝食殉国，而顾维也死于战乱之中。

顾炎武所说的“火作于门”与顾缃卒后顾炎武家第二次失火、室庐被焚，都与顾维等构家难有关，顾维就是那个谋夺顾炎武家产、焚烧室庐的主事人或同谋者。此信即责问顾维之辞。因为封建时代“家丑不可外扬”“为尊者讳”“为长者讳”等一系列旧观念，我们今天已经无法从地方志和家谱上找到这一方面的原始资料了，那里边也绝对不会留下任何线索类的记载。相反，在地方志里，顾维完全是一个见义勇为、乐于助人的正面形象，一点劣迹也没有。因此，关于顾炎武家发生的灾难，其详情已不可考，我们只能够从这封信和其他朋友们的来往通信中，看出一点端倪。透过字里行间，我们可以想象到顾炎武写这封信时的心情和表情：怒不可遏，又得强压怒火；悲愤满腔，又难于向人倾诉——所以才有一连串的责问。假如顾维收到了这封信，相信也是无法回答这一系列犹如连珠炮似的严厉质问的。此后，顺治二年（1645）春夏之交，清兵南下，席卷江南。顾维死于战乱之中，顾炎武自己在参加苏州和昆山的守城战斗失败后回到了常熟语濂泾。在经历了亡家、亡国之痛后，又经历了丧母之痛，他即使是想讨回公道，又向谁去问责、去讨债呢？国破家亡，走投无路。一道人生的大难题，摆在了顾炎武面前。

与颜修来手札（《诗本音》二册送上）[1]

康熙四年（1665）秋

《诗本音》二册送上。有较正者，乃卫太史笔也[2]。此书未定，不必钞录，只将坊刻《诗经》一本圈注其不合及太琐碎者，置之可也。更祈[3]教正为荷。底事一有信，即求示之。

弟炎武顿首。

注　释：

〔1〕本文原载于《亭林佚文辑补》，后被收入《顾炎武全集（21）》。颜修来，顾炎武好友。

〔2〕有较正者，乃卫太史笔也：书中凡是改正的地方，都是卫太史的笔迹。较正，即校正。卫太史，即卫既齐（1645—1701），字尔锡，又字伯严，山西猗氏人，康熙三年（1664）进士。是受“天下廉吏第一”于成龙欣赏的两名好官之一，曾创下连升十级的纪录，也是顾炎武外甥徐乾学的朋友。

〔3〕祈：他本作“乞”。

简　析：

颜修来（1640—1686），原名光敏，字逊甫，更字修来，别字乐圃。颜子六十七世孙，康熙六年（1667）进士。大他六岁的王士禛尝曰：“吾乡后来英绝，当让此人。”其诗名为“辇下十子”之冠。除国史院中书舍人，迁礼部仪制清吏司，寻调吏部稽勋清吏司主事，补吏部验封清吏司主事，历本司员外郎，迁验封司郎中，封奉政大夫，转考功司郎中。颜修来比顾炎武小二十七岁，然其学识之深厚，令顾炎武有后生可畏之想。顾炎武于康熙四年秋天第二次游览阙里，两人相见，遂为忘年交。此札即作于是年两人相识后不久。

相识不久，即以重要著作呈正，益见出顾炎武对于这位后生小辈的仰慕与尊重，从中可见顾炎武虚心好学的学术态度。顾、颜二人称得上是忘年交，顾炎武深深为颜的学问所折服。他也赞同王士禛对颜的评价，认为颜称得上是齐鲁大地的“后来英绝”。颜也是收到顾炎武信件最多的一位北方学者，至今他的后人还保存有二十余封。顾炎武十分愿意听到颜修来对他的著作提出诚恳的批评意见。终其一生，他都保持了对这位青年学者的敬重之情。

与颜修来手札（大作清劲）[1]

康熙五年九月（1666年10月）

大作清劲，无一俗笔。《太华》《伊阙》诸作为集中第一，《思悲翁》《战城南》亦有白傅讽谕之遗意[2]，大雅之音，将复起于今日矣。敬服敬服。元稿[3]返上，略商数字，识以浮票[4]，未知有当否？诸容晤悉。弟炎武顿首。

弟才至城中，尚未拜客。老社翁[5]须两三日后以未、申二时过我，则得晤矣。大才何借弟笔[6]？想未见刻启耳，附上一纸，不尽。弟炎武顿首。

注　释：

〔1〕本文原载于《亭林佚文辑补》，录自海山仙馆丛书本《颜氏家藏尺牍》卷二。

〔2〕有白傅讽谕之遗意：白傅，指白居易，他曾担任过太子少傅，故得此称。白居易的一些诗歌，有讽喻之意，而颜修来

的《思悲翁》《战城南》也有此意，所以顾炎武才这样说。

〔3〕元稿：即原稿。元，通“原”。

〔4〕浮票：浮签，粘在书本或文稿上，写出意见，便于随时揭去的小纸条。

〔5〕社翁：对文士名流的尊称。

〔6〕大才何借弟笔：你这样大才子的作品，还用得着我来指手画脚吗？

简　析：

顾炎武看过颜修来的作品集以后，给予了高度评价，同时也对个别需要修改的地方做出了批注，用小纸条贴在上面，退还给了对方。他告诉颜修来，自己刚进城没几天，还未出门拜客，如想见面，两三天以后的未、申二时过来就可以。颜修来应该是想请顾炎武对自己的作品再提提意见的，但顾炎武客气地说，颜修来的作品是用不着他来修改的。这体现了顾炎武谦虚谨慎的治学态度。

与颜修来手札（弟以今六月至雁门）[1]

康熙五年九月（1666年10月）　山东泰山

弟以今六月至雁门[2]，时李君天生[3]自关中来，言修来社翁在方伯[4]署中，不多会客。初秋入都[5]，而敝乡沈绎老[6]亦自关中来，交相推许[7]。计太华、终南之胜，二崤、函谷之阻，周、秦、汉、唐之迹，并已收而载之行笈[8]矣。山史兄[9]及杨、王两敝门人[10]并得一见否？石珍社翁[11]想闭户著书，卧游[12]五岳，胸中当别具一丘壑。而鸿文大制日新富有，则两君固并驱中原矣。弟顷至岱[13]下，俟主人之归，即过兖[14]郡。先此奉候，并问秦中诸子消息。所留《诗本音》乞付下，已大加删改，将以新本就正也。诸容面悉，不既百一[15]。

弟名正具冲[16]。

注　释：

〔1〕本文原载于《亭林佚文辑补》。潘刻《亭林文集》未

收。录自曲阜颜运生家藏《顾亭林书牍手迹》。

〔2〕雁门：郡名，战国时为赵地，秦置郡，今山西北部俱为其地。

〔3〕李君天生：即李因笃，号天生。

〔4〕方伯：原指一方诸侯之长，后泛指地方长官。此处未详所指何人。

〔5〕初秋入都："初秋"，或是笔误，先生出雁门时已在八月，属中秋时节。

〔6〕沈绎老：谓沈荃（1624—1684），字贞蕤，号绎堂，别号充斋，清江苏华亭（今上海松江）人。清顺治九年（1652）探花，授编修，累官詹事府詹事、翰林院侍读学士、礼部侍郎。谥文恪。有《充斋集》行世。工书法，宗法米、董二家，深受康熙帝赏识，为康熙书法代笔人之一。

〔7〕交相推许：互相推重赞许。交，并，俱。

〔8〕行笈：出行时携带的书箱，犹行囊。

〔9〕山史兄：谓王弘撰。

〔10〕杨、王两敝门人：杨，谓朱烈，明宗室朱存杠子，改姓杨。王，谓王太和，朱存杠甥。二人俱从顾炎武受业。

〔11〕石珍社翁：当谓颜修来叔父颜伯珣，字季相（一作石珍），明河间府知府颜允绍次子，工诗古文，著有《祗芳园集》。

〔12〕卧游：以欣赏优美的山水画、阅读生动的山水游记代替亲自前往实地游玩。

〔13〕岱：泰山的别名。

〔14〕兖：古代九州之一。《尔雅·释地》："济、河间曰兖州。"清以山东瑕丘为兖州治所。

〔15〕诸容面悉，不既百一：等到见面后再详细说吧，今天所说，不到百分之一。既，尽。百一，即百分之一。

〔16〕弟名正具冲：此五字原无，录自上海图书馆所藏《国朝名人手翰》。

简　析：

这封信的内容并不复杂，顾炎武只是对颜修来说了自己和几位朋友近期的行踪，顺便问了一下关中几位朋友的近况（颜修来当时正在关中游历访友），并告诉他那本借给他的《诗本音》还有许多地方需要删改，如果看完了，就请先行退还吧，自己以后会将这本书的完整本送给他，并请他指正。要知道，顾炎武这时已经名满天下，却以如此恭敬的态度跟一位比他小二十七岁的年轻人说话，可见他的谦逊和博大的胸襟。

与颜修来手札（捧读大章）[1]

康熙五年十一月（1666年12月）

捧读大章[2]，清新婉逸，逼似唐人，所谓“不意永嘉之末[3]，复闻正始之音[4]”者矣。羡服[5]，羡服。旧刻二册[6]乃五六年前作，中有误韵，幸为藏之。河北、关中书共六封驰上，姓氏居址别开一纸[7]，烦照单分致[8]。

申凫盟名涵光，永年人。太仆公之长子，今庶常随叔之兄也。太仆公甲申殉国难。

路安卿名泽浓，曲周人。故总漕皓月公之子。闻近日亦在府城住，如不遇，此书即留申宅。

孙征君名奇逢，字启泰，容城人。今住辉县。万历庚子举人，今年八十三。河北学者之宗师也。

王无异名弘撰，一字文修，号山史。华阴县西岳庙南小堡内。故少司马公之子，关中声气之领袖也。

杨伯常名谦，故王孙也。住西安府南八里大塔堡内。大塔者，慈恩寺塔也。或驾在藩司署中，则求于到日即遣人致之。

何虚子公祖，以台中出为关内道，衔籍俱列便览，其衙门在布政司内。

共书六封，各送《韵谱》一本，伯常则二本，故有七本。

注　释：

〔1〕本文原载于《亭林佚文辑补》，其中后半部分曾单列，题目又作《送〈韵谱〉帖子》。原本一体，拆开不宜，故合并为一篇。

〔2〕大章：敬辞，指对方的文章或信件。

〔3〕永嘉之末：永嘉末年，西晋王朝发生了一场亡国之乱。借指乱世。

〔4〕正始之音：指魏晋玄谈风气，出现于三国魏正始年间。也指纯正的乐声。《晋书·卫玠传》："昔王辅嗣吐金声于中朝，此子复玉振于江表，微言之绪，绝而复续。不意永嘉之末，复闻正始之音。"

〔5〕美服：既羡慕，又佩服。

〔6〕旧刻二册：指《韵谱》。

〔7〕姓氏居址别开一纸：指下文，即《送韵谱帖子》。上边写清楚了申涵光、路泽浓、孙奇逢、王弘撰、杨谦、何公祖等六人的住址，有的在河北，有的在陕西关中。

〔8〕烦照单分致：麻烦你按照单子上开列的名单，分别送

给单子上的这几个人。

简 析:

这一年的二月，顾炎武在山东，由大桑家庄过兖州，遣使往阙里，送《韵谱》给颜修来，并嘱其按照另开的一张单子，给申涵光、路泽浓、孙奇逢、王弘撰、杨谦、何公祖分别送上《韵谱》。

他首先称赞了颜修来的大作，称其“清新婉逸，逼似唐人”，想不到在有如当年“八王之乱”的动荡岁月里，还能读到像正始年间那样和平的日子里产生的文章，真叫人既羡慕又佩服。然后，他请颜修来帮他将自己的两册旧作（《韵谱》）按照名单上开列的人名和地址，分别送给陕西和河北的六位朋友。作为年轻一辈，颜修来自然会不辞劳苦，帮顾炎武这个忙。除了顾氏请托这一原因，顾炎武的这些朋友们，也是颜修来自己的朋友，甚至是老师。

与颜修来手札（鲁公书《家庙碑》）[1]

康熙五年十一月（1666年12月）

鲁公书《家庙碑》《多宝塔碑》《争坐位帖》俱在西安府学，俗所谓碑洞[2]者。其所书《郭敬之家庙碑》在布政司内，《奉使蔡州题字》并石刻像在同州[3]，《臧怀恪碑》在三原县。碑洞中《石经》及汉唐字但有钱即可买，不必用官府。惟各州县古碑非官府不能致，然多是唐碑。惟郃阳汉《曹全碑》极佳，其他若麟游之《九成宫碑》、长武之《虞恭公碑》俱佳。若多印得曹、虞二碑各一幅见惠最感！

注　释：

〔1〕本文原载于《亭林佚文辑补》。

〔2〕碑洞：即碑林。

〔3〕同州：即今渭南市大荔县，周初为古同国。“二华关渭水，三城朝郃阳”是对同州地区地形的概括，其中二华指华

阴、华县，关即潼关，水为白水；三城指韩城、澄城、蒲城，朝为当时的朝邑县，余郃阳县用全名，恰到好处。同州府历史上也曾称左冯翊。

简　析：

顾炎武曾经两次到过西安，并在西安碑林徘徊逗留，写有《西安府儒学碑目序》。信中提到的颜真卿的几幅书法作品，就有藏于西安碑林的，还有藏于陕西布政司衙门的，也有在同州或三原的。这些碑刻作品，有个性，有特点，有正面不拘、庄而不险的气势，但笔画横细竖粗及捺脚空腹过大之处，在学习时应求其神韵，不应单纯追求形似。颜真卿的行书《祭侄文稿》是他怀着悲愤的心情创作出来的佳作，被称为“天下第二行书”。他的行书作品还有《争坐位帖》等。顾炎武告诉颜修来，碑林里的《石经》及汉唐字，只要有钱就可以买到，不必惊动官府；只有那些散见于各州县的古碑，要想看到或者拓印，只能通过官府。郃阳的《曹全碑》、麟游的《九成宫碑》、长武的《虞恭公碑》等都是很好的碑刻，如果能将曹、虞两碑多拓印几幅那就更好了。

从这封信札中，我们可以看出顾炎武对中国金石史和优秀碑刻作品的了解与熟悉程度。

致归元恭札[1]

康熙六年正月（1667年2月）　陕西华阴

刘子端[2]兄北来，所寄札已到。弟别有一书付小仆赵安送上者，内有宋人诗数首。又中秋在燕邸[3]附马殿闻[4]兄处一书，计俱不浮沉[5]。两次惠诗文，并已盥手细读。每得佳句，为之徘徊击节，而犹嫌其稍入宋调，不若《孝子传》[6]之真古文、真大家也。要之，此等制作，皆司马子长[7]所谓雕琢曼辞[8]耳。以通经学古为一身之资，以救时行道为百世之俟，则弟所窃有愿焉而未逮，而以期诸同学之友朋者也。

丁未[9]正月，策马而南，至于淮浦[10]。见起田[11]兄，谓三四年前，令郎[12]曾一到彼。至问何以不在，则不得其耗[13]。兄字[14]亦不明言，何以遂有穷独[15]之感耶？

承谕三窟之计[16]，向时曾有之[17]。今老矣，时时念故乡，树绕三匝[18]，未尝不作南枝之恋[19]也。人从吴会[20]来者，言彼中人家，日就凋零，情况日就锲薄[21]。又见震泽波涛[22]，鱼鸟俱乱。而冥飞[23]之羽，晏然[24]不闻，暂且偷安异邦，陆沉[25]都市，岂有文渊[26]边郡、子泰[27]无终之意哉！少俟倦还[28]，即当卜邻偕友，追年少之欢悰[29]，乐丘园[30]之肥遁[31]。合并之期，可计日俟耳。

在浦[32]半月，今又北行，草此寄路大兄[33]转觅的人[34]奉致。停骖[35]匆遽，诸亲知并不及作书。比刻先祖[36]诗集，已完，不便携上，仅刻启一通，附寄函中。好音[37]见惠，仍付路大兄可也。率尔不尽。

弟炎武顿首，元恭四兄[38]。正月二十七日。

注　释：

〔1〕此札为顾炎武佚文，由晚清民国时期吴县顾麟士收藏，《顾炎武全集(21)》《亭林先生余集》《顾亭林诗文集》等书均未收入。柴德赓《史学丛考·跋顾亭林〈致归元恭札〉墨迹》考证了此文的写作时间。

〔2〕刘子端：名楷，安徽南陵人。康熙十八年(1679)进士，官给事中。与顾炎武大外甥徐乾学关系密切。邓之诚《骨董琐记卷八·李光地自书纪事》有载。康熙十八年五月末，顾炎武到达汾州，才上任不到一个月的刘知府却闭门乞休了。刘知府的儿子刘子端执弟子之礼，接待了顾炎武，并请他暂住署衙之中，以听消息。

〔3〕燕邸：指北京寓所。

〔4〕马殿闻：名鸣銮，昆山人。康熙十二年(1673)进士，

官翰林院编修。《昆山县志》有传。

〔5〕浮沉：沉没，指没有收到信。

〔6〕《孝子传》：指归庄所撰《黄孝子传》，见上海古籍出版社《归庄集》。

〔7〕司马子长：指司马迁，字子长。

〔8〕雕琢曼辞：司马迁《报任安书》：“今虽欲自雕琢，曼辞以自饰，无益，于俗不信，适足取辱耳。”曼辞，美饰之辞。

〔9〕丁未：即康熙六年（1667）。

〔10〕淮浦：淮安。因在淮河边，故称。今属江苏。

〔11〕起田：指王略（1613—1669），字起田，淮安山阳人，顾炎武的好朋友，与顾炎武同年同月生。潘耒岳父。王略去世后，顾炎武有《山阳王君墓志铭》记其事。

〔12〕令郎：指归庄的儿子归琨，其在青年时离家出走，再未归来，不知所终。据归庄《哭儿诗》可知，归琨卒于康熙二年（1663）。

〔13〕耗：消息，音信。

〔14〕字：信。

〔15〕穷独：穷困孤独。

〔16〕三窟之计：三个洞穴的谋划。《战国策·齐策》：“狡兔有三窟，仅得免其死耳。”谓狡兔遇敌，可以辗转逃避。后比喻人有多种避祸方法。归庄开玩笑说顾炎武采用多种方法避祸，有“狡兔三窟”之意。

〔17〕向时曾有之：过去曾经有过。此句指作者曾在山东章

丘大桑家庄置田产，与李因笃等在雁北垦荒等事。向时，过去。

〔18〕树绕三匝：在大树周围环绕。曹操《短歌行》："月明星稀，乌鹊南飞。绕树三匝，何枝可依？"

〔19〕南枝之恋：《古诗十九首》："胡马依北风，越鸟巢南枝。"胡马来到南方仍依恋北风，越鸟北飞后仍筑巢于向南的树枝。意谓物尚有乡情，何况人乎。

〔20〕吴会：指苏州、绍兴一带。

〔21〕锲薄：刻薄。

〔22〕震泽波涛：似指康熙二年（1663）湖州庄氏史狱，故下文云"冥飞之羽，晏然不闻"。震泽，湖名，即今江苏太湖。

〔23〕冥飞：高飞。

〔24〕晏然：安逸。

〔25〕陆沉：无水而沉，喻隐居。《庄子·则阳》："方且与世违，而心不屑与之俱，是陆沉者也。"

〔26〕文渊：即马援，字文渊，东汉扶风茂陵（今陕西兴平市东北）人。光武帝刘秀建武十一年（35）任陇西太守，十七年任伏波将军。南征，立铜柱以表功。尝谓宾客曰："丈夫为志，穷当益坚，老当益壮。"又曰："男儿要当死于边野，以马革裹尸还葬耳。"卒于军。《后汉书》有传。

〔27〕子泰：即田畴，字子泰，三国时右北平郡无终县（今河北省玉田县）人。汉末兵起，田畴率宗族附从避居徐无山中，百姓归之，数年间至五千余户。曹操北征乌桓，以田畴为向导有功，封亭侯。畴不受，曰："岂可卖卢龙之塞，以易赏禄哉？"见

《三国志·魏书·田畴传》。

〔28〕倦还：指疲劳、厌倦而归还家乡。

〔29〕欢悰：欢乐。

〔30〕丘园：丘墟、园圃，后世泛指隐居的地方。

〔31〕肥遁：指隐居避世。

〔32〕浦：淮浦，即淮安。

〔33〕路大兄：即路泽溥，字苏生，河北曲周人，路振飞长子。他在寓居苏州洞庭东山期间，曾利用父亲的声望与自己的关系，救顾炎武于牢狱之中。

〔34〕的人：可靠的人。

〔35〕停骖：停留。骖，三匹马驾一辆车。

〔36〕先祖：指顾炎武嗣祖顾绍芾。

〔37〕好音：好的消息。

〔38〕元恭四兄：归庄本为归昌世第四子，故如此说。因长兄早逝，故其有时也被称作三兄。

简　析：

从此札我们可以强烈地感受到顾炎武与归庄之间的真挚友情。此文抒情，主要体现在两个方面：一是对友人和家乡的殷切思念之情，二是归、顾两人之间的真挚之情。在文章第二段中，顾炎武一再追问归庄儿子的情况，并言：“何以遂有穷独之感耶？”字里行间，充溢着对朋友的关心之情。接下来写道：“今老矣，时时念故乡，树绕三匝，未尝不作南枝之恋也。”顾炎武散文中颇多故国之思，极少还乡之念。如此眷恋故土，追怀友朋，实不多见。顾炎武还憧憬友朋相见的快乐情景：“岂有文渊边郡、子泰无终之意哉！少俟倦还，即当卜邻偕友，追年少之欢悰，乐丘园之肥遁。”殷殷深情，真实而感人。对于老朋友归庄，顾炎武既表达了自己的思念之情，交代了两人分别以后自己的行踪，同时又直言相劝。他对归庄诗文中的佳句，既“为之徘徊击节”，又“嫌其稍入宋调”，又谓此皆“司马子长所谓雕琢曼辞”，“不若《孝子传》之真古文、真大家”，提出了直率的批评，而期之以“通经学古”，“救时行道”。同志之友，互相砥砺，无阿谀之习，这是顾炎武散文中友朋之情最自然、最真实的流露，足见两人之间的深情厚谊。自顺治十四年（1657）顾炎武开始北游之后，归庄守乡里，两人仍有书信来往，但《亭林文集》中与归元恭书却无一存者，《归庄集》中亦仅存与亭林书两通。因此，此札便显得尤为珍贵。

归、顾之间此前的通信，基本上都写于明亡之前，特别是顾炎武家难发生之前。那时，虽然北方已有农民起义大规模爆发，但还没有波及江南一带，因此这里的百姓生活还是比较安稳的，即使是崇祯十七年（1644）三月十九日崇祯帝自缢于煤山之后，五月初一，顾炎武还和朋友一起提前为嗣母过六十大寿。端午节当天，江南一带的老百姓们还在一起兴致勃勃地观赏龙舟竞赛！昆山抗清失败后，归、顾二人各自逃散，天各一方。以后，两人也见过几面，归庄还为营救顾炎武而四处奔走，出过大力。归庄曾为顾炎武北游饯行并慷慨陈词，这也是他们最后一次见面。此后十年之间，顾炎武南来北往，奔波不止；归庄僧装云游，居无定所，两人几无通信。归庄在听到“济南狱案”的消息之后，于1668年秋天给顾炎武写了一封信，说自己“闻兄以山左荐绅相仇之事连及，时适有海陵之行，无从问得确耗”，说明事发不久，他就有所耳闻了，后来从徐元文处知晓真实情况，不久又得到顾炎武的回信及六首诗。但直到那时，他还是不知道顾炎武这十年中的具体情况，甚至还问：“令子定已长成，曾再索、三索否？”他以为顾炎武的儿子已经长大成人，问其有没有再要第二个、第三个孩子，殊不知，顾炎武几年前就已遭遇丧子之痛，更别提再生第二个、第三个孩子了。读之令人心酸！可悲也夫！

与王略[1]

康熙六年四月（1667年5月）

吴门之行[2]，想已回府。弟在兖州所寄之札，曾入览否？弟以三月二十九日入都，寓在珠市口东冰窖胡同三官庙中。此来全无名利之图，所求者读古人书，友天下士而已。孙退谷[3]先生，当世之通经好学者，而其家藏书甚多，近乃出以相示。如唐陆淳《春秋纂例》[4]、宋刘敞《春秋权衡》[5]、《意林》[6]之类，皆生平所未见，思欲钞写以去，而苦于独力之难成也。弟少时博奕玩好，全不关心，在同学中颇不为自弃。而中更患难，晚阅征途，今且白首而无闻若此，况他人乎？进德修业，欲及时也。愿兄之以此自勉，而并以训子弟之从事于斯文者。胎簪、天谷、力臣诸兄[7]，并为致念。弟在今过夏，至秋或附回空之便而南，未可知也。容再报。起田三兄[8]。

弟炎武顿首。此书可共观之。

注　释：

〔1〕本篇为顾炎武佚文，写作时间虽早，但被发现的时间却很晚。曾被收入晚清震钧《天咫偶闻·卷六·外城东》中，直到二十世纪八十年代才被苏州师范专科学校的沈潜先生发现。沈潜先生告之于四川大学的华忱之先生，华老在编辑校注《顾亭林文选》时将此信收入《附录》部分，公之于世。此信札不仅可与顾炎武写给诸友人的书信互相印证补充，有的细节还可补诸家《年谱》所未详。

〔2〕吴门之行：王略此前去了一趟苏州，刚回到淮安不久。去之前，他将行踪告诉了顾炎武。

〔3〕孙退谷：即孙承泽，字耳伯，别字思仁，号北海，又号退谷。明崇祯进士，官给事中。李自成入北京，曾受命为四川防御使，后又降清，仕至吏部左侍郎。收藏颇富，著有《春明梦余录》，专记明代掌故。顾炎武《钞书自序》云："今年至都下，从孙思仁先生得《春秋纂例》《春秋权衡》《汉上易传》等书，清苑陈祺公资以薪米纸笔，写之以归。愚尝有所议于《左氏》，及读《权衡》，则已先言之矣。"

〔4〕《春秋纂例》：即《春秋集传纂例》十卷，唐陆淳（？—806）撰，为陆氏阐发其师啖助、其友赵匡关于《春秋》经说之作。

〔5〕《春秋权衡》：北宋刘敞撰，共十七卷，主要内容为评点《春秋》三传之得失。

〔6〕《意林》：书名，《四库全书》子部，唐代马总撰。属

杂类，收录诸子百家著作和类书，概其要意，多引用儒说。

〔7〕胎簪、天谷、力臣诸兄：所提到的三个人，都是顾炎武的好朋友。胎簪，即沈淮，字均甫，号胎簪，清浙江桐乡人，官山东知县。天谷，即本照，字彻也，号天谷，兴化人。力臣，即张弨，字力臣，号亟斋，为山阳诸生。

〔8〕起田三兄：王略在弟兄中排行老三，故称。

简　析：

顾炎武与王略同年同月生。顺治八年(1651)八月，顾炎武至淮安，与王略订交。其后顾炎武每至淮上，必住于其家，可见两人交谊之笃。康熙八年(1669)，王略病殁，顾炎武为之撰有《山阳王君墓志铭》，称其“生平以朋友为天伦，其待余如昆弟”。这次顾炎武自兖州骑马南归至山阳，就住在王略家里。后来顾炎武又自山阳北行，经六合去山东，再经广平之曲周入京。顾炎武离开山阳时，王略曾持觞送别。顾炎武《山阳王君墓志铭》称“别君之日，持觞送我大河之北，留一宿，视余上马，为之出涕，若将不复见者”，即记其事。顾炎武先赴山东，后北行入京，俱在康熙六年春，三月二十九日入都，即落脚于北京西直门内三官庙中。

这封信为我们提供了十分珍贵的有关顾炎武生平行迹的第一手资料，既可与他致诸友人书互相印证，又因为是他的手迹，并为诸家《年谱》及《蒋山佣残稿》所未收，而更加显得片羽吉光，弥足为宝。

信中，顾炎武谈起自己这次进京的目的，表明自己没有一点谋求名利的意思，只想“读古人书，友天下士”，盼望能读到更多的书，结识更多的名人雅士。比如孙退谷先生，就是当时的一位通经好学者，在他家里，顾炎武看到了此前从未接触过的珍贵古籍，大开眼界。他很想把其中的几部抄写一遍带回去悉心阅读和研究，但苦于“独力之难成”，只好望洋兴叹了。他回忆起年轻的时候，说自己也是一个很珍惜时间的人，“博奕玩好，全不关心”，只知道埋头读书，在同学中算“颇不为自弃”；中年时期饱经磨难，老来也称得上阅书无数、经历丰富的人了；直到如今白发满头了，尚且还是这样孤陋寡闻，就更不用说别的人了。因此，他得出一个结论，即不但要趁早读书，还要尽可能地多读书。他希望王略能这样做，同时希望他的朋友和弟子们也都这样做。

信的末尾，顾炎武说他这年夏天要在京城度过了，到秋天看情况想回江南一趟，但又说不准，到时候再告诉对方吧。

上国馨叔[1]

康熙七年三月（1668年4月）　山东济南

二月十五日，报国寺寓中见徐廉生兄，备知吾叔近履[2]。其时侄已闻蜚语[3]，即以次日出都，而五六日前于元放侄处先寄一函，遂不复更具启。行至德州，始知有咨文[4]至原籍逮证，身负微名，事关公义，无避匿之理。千里投到，不惜以一篑障江河[5]，乃其中别有隐情，上下推诿，不能即审。鹑衣粝饭[6]，饥饿福堂[7]，然而公道在人，死生有命，吾叔暨诸亲长不必过虑。惟趣公肃速发北辕[8]，则不烦力而自解。其事之颠末另载一启，在公肃封内，令其送诸甥侄处抄一二通上呈，并与元恭及相厚者观之。匆匆作书，一切未悉，并希垂鉴。元恭亦不及作札[9]。

注　释：

〔1〕本文原载于《蒋山佣残稿》卷二。国馨叔，即顾炎武

从叔顾兰服。

〔2〕备知吾叔近履：详细了解了叔叔最近的行踪。

〔3〕已闻蜚语：指已经听到了由于受黄培诗案的牵涉，自己将要被逮捕的消息。

〔4〕咨文：公文的一种，多用于同级官署或同级官阶之间。

〔5〕以一蒉障江河：用一筐子土去挡住江河，比喻用一己之力，去辨明是非，讨个清白。在归庄和一般人看来，顾炎武这样做，简直是螳臂当车、飞蛾扑火，自取灭亡。直到收到顾炎武的信，大家才理解了他救人救己的高尚之举。蒉，盛土的竹器。

〔6〕鹑衣粝饭：形容衣服破烂，吃的都是糙米饭。鹑衣，鹌鹑的尾巴短而秃，像打满补丁一样，故以“鹑衣”形容衣服非常破烂。粝饭，糙米饭。

〔7〕福堂：指监狱或囚系犯人的地方。

〔8〕惟趣公肃速发北辕：催促徐元文赶快北上，寻找救援力量。公肃，即徐元文，字公肃。

〔9〕元恭亦不及作札：归庄那里我就不再另外写信了（后来归庄出游归家，在徐元文处看到信后，立即给顾炎武回了一信，他并不了解顾炎武这十来年的经历）。

简　析：

顾兰服（1615—1673），字国馨，号穆庵。顾绍芬次子。虽为顾炎武从叔，但其实比顾炎武还小两岁。幼聪颖，善读书，弱冠补太仓州学生员，援贡为监生。多才绩学，肆力于诗文，好作长歌。一生行谊以忠孝为质，以仁恕为用，与从侄顾炎武极亲善（年龄相仿），与归庄、朱用纯辈为笃义之交。明崇祯十年（1637）冬，秉承其父遗志，捐千金在千墩浦建证愿桥。清军攻昆山时，率众守城。明亡后屏居田野，穷究医理十年。卒葬沺川乡七保东里浜空字圩新茔。独子顾岩，太学生。顾炎武在曲沃去世后，顾岩与顾炎武之侄顾洪慎北上三千里，参与了扶灵柩南归。

不管怎么说，在父辈那一代人中，国馨叔是顾炎武最亲近的人。一有什么事，顾炎武最先告诉他。济南冤狱一起，顾炎武便写了这封信给他。在叙述了事情的简单经过后，顾炎武平静地对他说，不必担惊受怕，只要告诉三外甥徐元文立即上京展开救援就是了。事情的起源和详细经过，已经写在另一封信里了，以便叫诸位外甥、侄子知道一下。从信的叙述语言来看，顾炎武是处乱不惊、从容不迫的。“泰山崩于前而色不变，麋鹿兴于左而目不瞬”，这才是顶天立地的大丈夫气概。

与原一甥[1]

康熙七年九月（1668年10月）

令先君[2]捐馆[3]葬虞，我既未得一至，而三年以来，亦未接诸甥音问，乃因急难之际得手书，知尊堂[4]与吾甥萦念之切，兼损惠[5]金。自念大礼尚阙[6]，受之不当，而远来又无可却，闻戒之馈[7]，当厄之与[8]，惭愧而已！安以八月十三日到，九月二十日方得保出。书中云云，所见略同，已一一如示行之。天水[9]亦甚悔此一节，对簿折辨，俱是皮毛之语，而此书之所从来，竟无着落，乃反以不刻揭之故，取怒于江夏[10]，而多方下石[11]。凡当日抚军[12]止批审后酌夺，臬司[13]径发府送羁，以至院示取保而不得保，已准保而不得出，皆江夏之为也，可谓“中山狼”[14]矣！此事上台不肯担当结案，今又题展限两月。公肃之来，正当其时，若得言之抚军，比宋澄岚例摘释，庶无牵绊。不然，此案扳蔓[15]，非旦夕所能了也。天水本自无仇，衅起章丘谢生[16]，千金被坑，偿以庄田十顷，主唆出此一禀，遂占收其田。及莱兵既却，而郓田始归[17]。今已具禀抚院批行，军厅正在提究，而此田姑备公肃之名管业[18]，以为转售之地。此处取得本银到手，方可南归[19]。至于山东人情，固已不啻蛮髦[20]，南方亲友，亦未见缨冠之救[21]也。秋水[22]寄札，今九日始到。

注　释：

〔1〕本文原载于《蒋山佣残稿》卷二。原一甥，即顾炎武的大外甥徐乾学。

〔2〕令先君：谓徐乾学之父徐开法。

〔3〕捐馆：指去世。

〔4〕尊堂：谓徐乾学之母，即顾炎武的妹妹。

〔5〕损惠：谢人馈送礼物的敬辞。意谓对方降抑身份而加惠于己。

〔6〕大礼尚阙：指妹夫徐开法去世时，顾炎武没有送去礼金。

〔7〕闻戒之馈：《孟子·公孙丑》下："当在薛也，予有戒心，辞曰：'闻戒，故为兵馈之。'予何为不受？"意思是听说你要防备危险，所以我送点钱给你（买武器吧）。顾炎武当然不用买武器，那就当作应急之资。

〔8〕当厄之与：指顾炎武在困境中接受馈赠。厄，困难。

〔9〕天水：指姜元衡。姜氏郡望天水，故称。

〔10〕江夏：疑指黄培、黄坦兄弟。许瀚（字印林）说：“江夏，谓黄氏也。以‘江夏黄童’作隐语耳。”

〔11〕下石：即落井下石的省称，谓乘人之危，加以陷害。

〔12〕抚军：指刘芳躅。

〔13〕臬司：官名。明清时置提刑按察使司，主管一省刑狱按察之事，称臬司。臬，法度。

〔14〕中山狼：比喻忘恩背义之人。明马中锡作小说《中山狼传》，记春秋时赵简子猎于中山，追逐一狼，狼求救于东郭先生，脱险后，狼反欲噬东郭先生。

〔15〕扳蔓：纠缠。

〔16〕章丘谢生：谓谢世泰。

〔17〕莱兵既却，而郓田始归：《左传·定公十年》：“夏，公会齐侯于祝其，实夹谷。孔丘相。犁弥言于齐侯曰：‘……若使莱人以兵劫鲁侯，必得志焉。’齐侯从之。……将盟，齐人加于载书曰……孔丘使兹无还揖对，曰：‘而不反我汶阳之田，吾以共命者，亦如之。’……齐人来归郓、讙、龟阴之田。”莱，古莱国，春秋时为齐所灭。郓，春秋时期鲁国地名，为齐所侵。此指章丘谢世泰唆害事败，归还此前侵占的顾炎武的庄田。

〔18〕此田姑备公肃之名管业：谓章丘之田转归徐元文名下代管。

〔19〕方可南归：顾炎武原拟于狱解后南归，后改于康熙八年（1669）正月狱解后入京。

〔20〕蛮髦：《诗·小雅·角弓》：“如蛮如髦，我是用忧。”蛮，古时对南方少数民族的蔑称。髦，古时西方少数民族名。

〔21〕缨冠之救：《孟子·离娄下》：“今有同室之人斗者，救之，虽被发缨冠而救之可也。”缨，结冠的带子。

〔22〕秋水：当谓严绳孙。严绳孙（1623—1702），字荪友，号秋水、勾吴严四，晚号藕荡渔人，明末清初无锡胶山人（个别画作落款为“昆山严绳孙”）。诗人、书画家。与朱彝尊、姜宸英被誉为“江南三布衣”。清顺治六年（1649），参加由吴伟业主盟的慎交社。十一年，与邑中顾贞观、秦松龄等十人结云门社，时称“云门十子”。荐授翰林院检讨，参与《明史》编纂，以后历任日讲起居注官、山西乡试正考官、右中允兼翰林院编修、承德郎等职。康熙二十四年（1685），辞官回乡隐居。

简　析：

这是顾炎武写给大外甥徐乾学的一封信。徐乾学（1631—1694），字原一，号健庵。生于柴王弄，长在城外小濼河边。少得舅父顾炎武指教，慨然有用世之志，成家后住西塘街，筑有“传是楼”，藏书多达七十二书橱。康熙九年（1670）探花，授翰林院编修。累官至内阁学士、刑部尚书，曾主持多部国家大型丛书的编纂，著有《憺园集》《词馆集》《虞浦集》等。与弟弟徐秉义、徐元文并称“同胞三鼎甲”，又称“昆山三徐”。其五子先后考中进士，为中国科举史上的奇迹。北京中华世纪坛青铜甬道镌有其名及其所著《读礼通考》。今人王逸明编有《昆山徐乾学年谱稿》。

顾炎武写这封信时，济南冤狱虽告一段落，但尚未彻底结案。当时徐元文尚在昆山家中为父亲守孝，未返回北京任上。秋，徐元文服阕回京，补国史院修撰，进秘书院侍读。外甥们的父亲徐开法病故时，身为舅舅的顾炎武因在外游历而未能前往致哀。这期间外甥们和他也没有一个字的书信来往，彼此之间不了解情况。顾炎武在济南蒙难后给徐乾学写了一封信，谈了情况。徐乾学当时尚无功名，人微言轻，无奈之下，只有请弟弟徐元文北上救援，同时写信给舅舅说母亲和弟弟都十分挂念他，还寄去了一些银两予以经济上的帮助。徐元文到得很及时。这个案子如果能够参照宋澄岚的案子结案，还是很有希望的。否则，横生枝蔓，纠缠不休，这个案子就不是短时间内能够了结的。信中，顾炎武说现在案子已经上报抚院等待批行，军厅也正在提究，田庄的经营权已经转到了徐元文名下等待转售。等到把本银拿到手，顾炎武就可以动身回江南一趟了（后来的事实说明，出售田庄是很困难的，徐元文把田庄委托给县令魏某照看，但直到魏县令被调离，事情仍未办成，田庄又由新县令徐某代售，才实现了最终出手，这块烫手的山芋才算是彻底被甩掉了，可能到手的银子就没有原来估计的一千两那么多了）。

另外，信中也透露出一个信息，那就是案发以后，顾炎武身边不少的山东朋友以及江南朋友们，平时还有往来，而在得知这个消息以后，几乎都缄口无言，唯恐避之不及，没有出手相救（见信的末尾几句）。这一点，使得顾炎武很是寒心，也让他对世态炎凉、人情冷暖有了更深刻、更具体的认识。

与人书（怨双仇对）[1]

康熙七年十月（1668年11月）　山东章丘

怨双仇对，自古有之，至迁怒于一书之三百余人，而几起大狱，则非常情所料[2]。区区自矢[3]，不惜以一篑障江河，天牖其衷[4]，事果得白[5]。若乃钟仪絷晋[6]，邹子囚梁[7]，未识紫芝之容[8]，靡通正平之刺[9]，而独蒙垂问，且赐公扶，岂不令党人之版，慕义无穷；文苑之流，向风知感！顷蒙准保，始敢上书以候起居，而又有不许远离之命[10]，是以犹迟叩见，先献近作以副盛心[11]。至于上台淑问[12]之明，众君子孚号之助[13]，并足录之五中[14]。而富平李天生因笃者，三千里赴友人之急，疾呼辇上，协计橐饘[15]，驰至济南，不见官长一人而去。此则季心[16]、剧孟[17]之所长，而乃出于康成[18]、子慎[19]之辈，又可使薄夫敦而懦夫立[20]者也，敢因下交之□而并及之？

注 释：

〔1〕本文原载于《蒋山佣残稿》卷二。不详写与何人。

〔2〕非常情所料：出乎常人所料。

〔3〕自矢：犹自誓，立誓，发誓。

〔4〕天牖（yǒu）其衷：上天开导人的心意。

〔5〕事果得白：事情最终搞了个清楚明白。

〔6〕钟仪絷晋：钟仪（生卒年不详），芈姓，钟氏，名仪，春秋时期楚国人，楚国公族，被封为郧公，被后世尊称为四德公，是史上最早的古琴演奏家。其家世代都是宫廷琴师。楚、郑交战，楚国战败，钟仪等人被郑国俘虏，献给了晋国，但钟仪仍然不忘自己是楚人。

〔7〕邹子囚梁：齐国阴阳家邹衍为梁王门客，遭谗被囚。

〔8〕未识紫芝之容：不认识元德秀的容貌。紫芝，指元德秀，字紫芝，忠君孝母，做官有惠政。房琯每见德秀则叹息曰：“见紫芝眉宇，使人名利之心都尽。”

〔9〕靡通正平之刺：没有祢正平那样的名帖。靡通，不精通。正平，指祢衡，字正平，三国时“击鼓骂曹”的主角，借指正直慷慨之士。刺，名刺，即名帖。

〔10〕不许远离之命：顾炎武取保候审期间，狱方告诫他不得远离住所，要保证随传随到。

〔11〕先献近作以副盛心：先把我的几篇近作呈上，以报答您对我的深厚美好的情意。

〔12〕上台淑问：上台，谓抚院。淑问，善听讼。《诗·鲁

颂·泮水》："淑问如皋陶，在泮献囚。"

〔13〕众君子孚号之助：诸位君子的鼎力相助。众君子，当谓李因笃、朱彝尊、颜修来、谭吉璁诸人。孚号，犹言爬地呼叫。孚，匍匐。号，呐喊，呼吁。全祖望《顾宁人先生神道表》说："讼系半年，富平李因笃自京师为告急于有力者，亲至历下解之，狱始白。"徐松《顾亭林年谱》按："是年春，竹垞至山东，客抚院刘公幕中，则先生之脱于患难，竹垞当与有力焉。"竹垞，指朱彝尊，号竹垞。张穆《顾亭林先生年谱》："颜修来有《送朱锡鬯之济南》诗曰：'……讼庭尚有南冠客，莫向燕台思故人。'自注：时亭林以诏狱在济南。"

〔14〕五中：经脉之道，五中所主，借指内心，一般讲"感发五中"。

〔15〕橐饘（tuó zhān）：指衣食。

〔16〕季心：西汉初楚人季布之弟，气盖关中，以任侠名，方数千里，士皆争为之死。当是时，季心以勇，季布以诺，著闻关中。

〔17〕剧孟：洛阳人，西汉著名游侠。吴楚叛乱时，周亚夫得剧孟，认为剧孟之能可顶一个侯国。其人爱打抱不平，扶弱济贫，救人危难，不求报酬，因此而誉满诸侯。其母故世时，自发送葬的车辆竟达千乘之多。

〔18〕康成：即郑玄，字康成，北海高密人，东汉经学家。

〔19〕子慎：即服虔，初名重，又名祇，字子慎，河南荥阳人，东汉学者、经学家。少年清苦，立志苦读，曾入太学受业，

擅长文论。汉灵帝时，入朝为官，专心著作，尤以经学最为当世所推重。对《左传》颇有研究，曾作《春秋左氏传解谊》三十一卷、《春秋左氏膏肓释痾》十卷等，对后世《左传》的研究有着重要的影响。

〔20〕可使薄夫敦而懦夫立：能使原本刻薄寡义之人变得诚实和敦厚，本来胆小怕事的人挺起腰杆来。薄夫，刻薄寡义之人。敦，诚实，敦厚。懦夫，胆小怕事之人。立，挺立，直起腰，勇敢面对。

简　析：

顾炎武在这封信里详细地说明了自己受黄培诗案牵连入狱后，在狱中的生活和众人出手相救的经过。他特别提到了李因笃，自己与李因笃非亲非故，认识也不过四五年，一听说自己落难，李因笃竟然冒着酷暑炎热赤足奔波三千里，上北京，下济南，呼朋唤友，疲于奔命。这是多么感人的友情啊！他就像古代的侠客勇士，为朋友两肋插刀，赴汤蹈火，在所不辞，他的行为和精神，简直可以使“薄夫敦而懦夫立”，能带给人多大的影响和感召啊！他就是当代的剧孟，就是当代的关云长。顾炎武后来写了一首长诗《子德李子闻余在难，特走燕中告急诸友人，复驰至济南省视。于其行也，作诗赠之》，诗中赞道：“急难良朋节，扶危烈士情。”“君贤关羽弟，我愧季心兄。”

与颜修来手札
（康熙七年二月十五日）[1]

康熙七年十月（1668年11月）　山东济南

康熙七年二月十五日，在京师慈仁寺[2]寓中，忽闻山东有案株连。即出都门，于三月二日抵济南，始知为不识面之人姜元衡所诬。姜元衡者，莱州即墨县故兵部尚书黄公家仆黄宽之孙、黄瓒之子，本名黄元衡[3]。中进士，官翰林。以养亲回籍，揭告其主原任锦衣卫都指挥使黄培[4]，见任浦江知县黄坦[5]，见任凤阳府推官黄贞麟[6]等一十四人逆诗一案。于五年六月，奉旨发督抚亲审[7]。事历三载，初无干涉。忽于今正月三十日抚院[8]审时禀称：有《忠节录》即《启祯集》一书（元衡口供：《启祯集》二本皮面上有旧墨笔写《忠节录》字样），陈济生[9]所作，系昆山顾宁人到黄家搜辑发刻者。咨行原籍逮证。据其所告，此书中有黄御史[10]（宗昌，即坦之父）传一篇，有云："家居二年握发以终。"以为坦父不曾剃头之证。有顾推官[11]（咸正）传一篇，有云："晚与宁人游。"

有云："有宁人所为状在。"以为宁人搜辑此书之证。不知此传何人授稿？何人亲见？刻板见在何处？此书得之何方？而就此"握发"一语，果足以证已故二十余年黄御史之不剃头否？就此"与游"二语，果足以证宁人之即顾宁人，又即搜辑此书之人否？且读邸报，此书已于六年二月曾经沈天甫出首矣。请略言之：昔敝郡有陈明卿先生（讳仁锡），以壬戌探花官至国子祭酒，好刻古书，有《资治通鉴》《大学衍义》等书一二十种行世。其子济生亦好刻书。济生已故，有光棍施明者从海外来，与沈天甫等合伙伪造此书，假已故陈济生之名，而罗江南北之名士巨室于其中，以为挟害之具。又伪造原任阁辅吴甡[12]一序，以骗诈其子见任中书吴元莱。奉旨圈议。部议："书内有名之人共七百名，内有写序写诗讥伤本朝之人五十余名，合行查究。"奉旨："沈天甫、夏麟奇、吕中、逃走之施明、未来之吴石林及代主控告之叶大等，合伙指造逆诗，肆行骗诈，虽称逆诗从海内带来，茫无凭据。又云：编诗之陈济生久经物故，而从海内带诗之施明又经逃走。此等奸棍吓诈平人，摇动良民，诬称谋叛以行挟害，大干法纪。尔部即将沈天甫、夏麟奇、吕中、叶大俱行严审，拟罪具奏；逃走之施明、未来之吴石林俱着严行缉拿，获日也着拟罪具奏。"刑部审得沈天甫等供称："骗诈吴中书银二千两未给，将此书出首，欲图三品前程是实。"奉旨：将沈天甫、夏麟奇、吕中、叶大四人于闰四月二十二日押赴西市处斩。施明、吴石林缉拿未获。今元衡所首之书一百二十余叶，与沈天甫之三百一十六叶者虽删去颇多，而诗即启祯之诗，传即此诗之传，编造之人即陈济生，其为一书，不问可知也。恭绎明旨不直曰编诗之陈济生，而加以“又云”二字，“又云”者，据沈天甫之所云。是已故之济生，圣明犹烛其诬罔，而元衡欲以此牵事外之人，而翻久定之案[13]。其南北通逆一禀云：“据各刻本山左有丈石诗社，有大社，江南有吟社，有遗清等社，皆系故明废臣与招群怀贰之辈南北通信。书中确载有隐叛与中兴等情，或宦孽通奸，或匹夫起义，小则谤讟[14]，大则悖逆。职系史臣，宜明目张胆秉笔诛逆，故敢昧死陈揭，逆刻种种，罪在不赦。北人之书削我庙号，仍存明号，且感愤乎鸱张[15]，虎豹乎王侯。南人之书以我朝为东国，为虎穴；以伪王为福京[16]，为行在[17]。北人之书曰斩虏首（黄培刻《郭汾阳王考传》中有“斩首四千级，捕虏五千人”，乃子仪败安禄山兵纪功之语），拥胡姬，征铁岭（黄培诗有云：“怨女金闺里，征夫铁岭头。”），杀金微[18]；又有思汉威仪[19]，纪汉春秋。南人之书有黄御史握发一传，又有起义，有举事，有劝衡王倡义及迎鲁王、浙东王、上益王等事[20]。又有吴人与鲁藩[21]舟中密语，又有平敌将军，有悬高皇帝像恸哭及入闽入海等事[22]。北人之书有《含章馆诗集》《友晋轩诗集》《夕霏亭诗》《郭汾阳王考传》。南人之书有《启祯集》即《忠节录》、《岁寒诗》、《东山诗史》仿文信国[23]集子美句百八十章。其北人则黄培所刻《十二君唱和序跋》等人，其南人则《启祯集》所载姓名籍贯，俱在刻本中，约三百余人。”是元衡之意不但陷黄坦，陷顾宁人，而并欲陷此刻本有名之三百余人也。不知元衡与已斩之沈天甫、逃走之施明何亲何故？何以得此海内带来之书？而前唱后和，如出一口。其与不识面之顾宁人，刻本有名之三百余人何仇何隙？而必欲与黄氏之十二君者一网而尽杀之。推其本意，自知以奴告主之罪，律所不赦，欲别起一大狱以陷人，而为自脱之计，遂蹈于明旨所谓“吓诈平人，摇动良民，诬称谋叛，以行挟害”者而不觉也。天道神明，不僭不滥[24]。今于三月四日束身[25]诣院投到，伏听审鞫[26]。至教唆陷害，别有其人，尚容续布[27]，统惟详察[28]。

江南布衣[29]顾宁人顿首。

注　释：

〔1〕本文原载于《亭林佚文辑补》，潘刻《亭林文集》未收入。录自颜光敏辑《颜氏家藏尺牍》卷一，并用曲阜颜氏家藏《顾亭林书牍手迹》校订。作于康熙七年（1668），给颜修来，是介绍济南诗狱事情经过和案情的最长的一封信。

〔2〕慈仁寺：即大报国慈仁寺，俗称报国寺，位于北京南城广安门内大街路北，是一座始建于元代的千年古刹。在庙宇林

立的老北京城，报国寺的规模一直不大，直至明成化年间扩建以后，方得赐慈仁寺之名。清朝定都北京后，满汉分城而治。南城成为汉人官员、文人聚居之地。报国寺一带也逐渐形成了著名的书市。直至今天，这里仍然是以经营书籍、邮票、钱币为主的文化市场。顾炎武北游期间，出入北京二十余次，曾多次在此居住。1842年，朝野人士在此建起“亭林先生祠”，一年三次祭祀，直到1937年全面抗战爆发后停止。2017年，北京市对慈仁寺西边亭林先生祠门面予以保留，并在慈仁寺门外西南广场上建起广宁公园，内有顾炎武塑像和“天下兴亡，匹夫有责”的匾额。亭林祠旧址墙壁镶嵌的徐世昌《亭林祠重建碑记》等两通碑刻仍在。

〔3〕“姜元衡者”句：姜元衡，本名黄元衡。据张穆《顾亭林先生年谱》引《进士履历便览》：黄元衡，字元璿，即墨县籍，胶州人。顺治己丑科会试十八名，钦授内翰林国史院庶吉士，辛卯升宏文院编修。故兵部尚书黄公，谓黄嘉善，字惟尚，号梓山，万历五年（1577）进士。历升大同知府，擢兵备加按察使，升宁夏巡抚，授三边总督，后移疾归。著有《抚夏奏议》八卷、《总督奏议》四卷。

〔4〕黄培：据同治《即墨县志·人物·勋绩》：黄培，字孟坚，嘉善孙，荫锦衣卫指挥佥事，在朝以刚方闻，后以诗稿祸起，死于市。该志卷十一《艺文·著述》有黄培《奏草》一卷。

〔5〕黄坦：字朗生，号惺庵，即墨人，黄宗昌长子。明崇祯十二年（1639）副榜，后为贡生，任浦江知县，勤政清廉，爱民如

子。明亡后，继父志补成《崂山志》。著有《秋水居诗集》两卷。

〔6〕黄贞麟：字方振，号振侯，即墨人。生于崇祯三年（1630）农历八月一日。年二十五，举孝廉。刻砺读书成进士，授凤阳府推官，以推官裁缺，改盐山令。擢户部主事。归田后，杜门课子弟。卒于康熙三十三年（1694）农历十二月四日，年六十五岁。有《快山堂诗》一卷。

〔7〕于五年六月，奉旨发督抚亲审：陈乃乾《启祯两朝遗诗考》：元衡……揭告逆诗，在康熙五年六月，其时承审者，总督朱昌祚、巡抚周有德也。

〔8〕抚院：指巡抚，明清时俗称巡抚为抚院。何绍基云：札中所称抚院者，宛平刘公芳躅也。按《国史·汉名臣传》：刘芳躅，康熙七年（1668）正月，擢山东巡抚；九年四月，丁母忧去。陈乃乾云：至七年正月三十日抚院审时，周（有德）已去任，继之者为宛平刘芳躅。

〔9〕陈济生：字皇士，长洲人，明南京国子监祭酒陈仁锡子，官至太仆寺丞，为顾炎武的三姐夫。辑有《天启崇祯两朝遗诗》，又名《启祯集》，即所谓《忠节录》，归庄等为撰序。朱彝尊《静志居诗话》："皇士经乱归田，辑启、祯两朝遗诗。"

〔10〕黄御史：谓黄宗昌。据《明史·毛羽健传·附黄宗昌传》：黄宗昌，字长倩，即墨人。天启二年（1622）进士。崇祯初为御史，请斥矫旨伪官。十五年，即墨被兵，率乡人拒守，城全。仲子基中流矢死，其妻周氏及三妾郭氏、二刘氏殉之，时谓"一门五烈"。

〔11〕顾推官：即顾咸正，昆山人，崇祯六年（1633）举人，崇祯十三年除延安推官。后为洪承畴所杀。

〔12〕吴甡：字鹿友，扬州兴化人。天启二年（1622），由知县超授右佥都御史。崇祯十五年（1642），擢礼部尚书兼东阁大学士。明亡后，久之，卒于家。有《柴庵疏稿》《寤言》《安危注》等。《明史》有传。

〔13〕久定之案：指康熙六年（1667）沈天甫等诬告逆诗一案。

〔14〕谤讟（dú）：非议，诽谤。

〔15〕鸱张：像鸱鸟张翼一样，以喻嚣张、猖狂。

〔16〕以伪王为福京：谓崇祯十七年（1644）五月，马士英等迎立福王朱由崧于南京，次年改元弘光。

〔17〕行在：本作“行在所”，指帝王所居之地。

〔18〕金微：山名，隋唐时名金山，在辽宁省康平县。《明一统志》：山在开原西北辽河北岸。一说在吉林农安县西南。

〔19〕思汉威仪：《后汉书·光武帝纪》：“老吏或垂涕曰：‘不图今日复见汉官威仪。’”威仪，仪仗。

〔20〕“劝衡王倡义”句：衡王，据《明史·诸王传》：“衡恭王祐楎，宪宗第七子，弘治十二年之藩青州，嘉靖十七年薨。”其子孙世袭衡王。顾炎武有《衡王府》诗。迎鲁王、浙东王、上益王，其中鲁王朱以海，明弘光元年（1645）南都陷后，称监国于绍兴。

〔21〕鲁藩：即指鲁王朱以海。

〔22〕“悬高皇帝像”句：高皇帝，谓明太祖朱元璋。入闽入海等事，入闽，谓明弘光元年南都陷后，黄道周、郑芝龙等奉唐王朱聿键称监国，即位于福州，改元隆武；入海，谓隆武二年（1646），浙东失守后，鲁王朱以海由江门入海。

〔23〕文信国：即文天祥，曾被封信国公。

〔24〕不僭不滥：《诗·商颂·殷武》：“不僭不滥，不敢怠遑。”僭，差失，过分。滥，过度。

〔25〕束身：指自己捆住自己。也指约束自己，不放纵，束身自修。

〔26〕审鞫：审讯。

〔27〕续布：陆续公布。

〔28〕统惟详察：希望能够详细查明。

〔29〕布衣：布制的衣服，借指平民，后也指没有做官的读书人。

简　析：

这封信写得从容不迫，细细道来，已经把黄培诗案的原委和这个案子为什么会牵扯到顾炎武自己说得清清楚楚了。顾炎武与姜元衡无冤无仇，姜为什么对顾炎武、对刻本有名之三百余人“必欲与黄氏之十二君者一网而尽杀之”？顾炎武看透了他的险恶用心是“自知以奴告主之罪，律所不赦，欲别起一大狱以陷人，而为自脱之计，遂蹈于明旨所谓‘吓诈平人，摇动良民，诬称谋叛，以行挟害’者而不觉也”。其用心何其毒也！他是想以立“诬陷一大批人，将他们送进监狱、送上断头台”之功，来赎自己“以奴告主”之必死之罪的。在信的结尾处，顾炎武特别署名“顾宁人”是别有深意的：我这个“宁人”，是姓“顾”的，案子中的“宁人”没有姓，那怎么会是我呢！

顾炎武能够顺利地走出济南监狱，原因是比较复杂的。友人的出手相救，他自己成功的自我辩护，都是这场官司能够胜出的筹码。但是，我们也应该看到，清朝建立以后的数十起“文字狱”和形形色色的典型案例，几乎都是针对汉族人特别是一大批汉族知识分子来的，长此以往，对政权的巩固也是十分不利的。于是，康熙皇帝不得不调整对汉族知识分子的有关政策，而顾炎武恰恰就是这次“改革”的直接受益者。此后，随之而来的几项重要的改革内容，比如广开言路、开《明史》馆、设立监察机构、进行博学鸿词考试、使“天下归心”等等，都是徐乾学建议的，都出自那份著名的《文治四事疏》。

与人书一[1]

（写作年月、地点不详）

人之为学，不日进则日退。独学无友，则孤陋而难成[2]。久处一方，则习染而不自觉。不幸而在穷僻之域，无车马之资[3]，犹当博学审问[4]，古人与稽[5]，以求其是非之所在，庶几[6]可得十之五六。若既不出户，又不读书，则是面墙[7]之士，虽子羔[8]、原宪[9]之贤，终无济于天下。子曰："十室之邑，必有忠信如丘[10]者焉，不如丘之好学也。"夫以孔子之圣，犹须好学，今人可不勉[11]乎？

注　释：

〔1〕本文原载于《亭林文集》卷四。作年难以确考，也不详写与何人。

〔2〕独学无友，则孤陋而难成：语出《礼记·学记》："独学而无友，则孤陋而寡闻。"孤陋，片面、浅陋。

〔3〕资：盘缠，费用。

〔4〕博学审问：语出《礼记·中庸》：“博学之，审问之，慎思之，明辨之。”审，详细，周密。

〔5〕古人与稽：语出《礼记·儒行》：“儒有今人与居，古人与稽。”稽，考证，合也，谓与古人相合。

〔6〕庶几：差不多。

〔7〕面墙：比喻人不学习，像面朝墙壁那样，一无所见。语出《后汉书·和熹邓皇后纪》：“今末世贵戚食禄之家，温衣美饭，乘坚驱良，而面墙术学，不识臧否，斯故祸败所从来也。”

〔8〕子羔：姓高，名柴，字子羔，孔子的弟子。性仁孝，足不履影，启蛰不杀；亲丧，泣血三年，未尝笑过。

〔9〕原宪：又名原思，字子思，孔子的弟子。性狷介，所居蓬户瓮牖，不减其乐。孔子为鲁国大司寇，以宪为家宰。《论语·雍也》：“原思为之宰，与之粟九百，辞。”

〔10〕丘：指孔子。

〔11〕勉：勤勉，努力。

简　析：

古往今来，勉励后学以正确的态度和方法去学习、钻研学问的文章，可谓多矣。这类文章中，唐宋八大家之一的韩愈所作的《进学解》是历代读书人都十分推崇的。但是像顾炎武一样把问题说得这样透彻、这样有层次，令人心服口服的文章，却是罕见的。这是“先论后说，章法倒悬”的“倒卷帘”式的一篇精品论说文。

首先，他的说理方法与众不同。别人都是由浅入深、逐步推进的，而顾炎武却一反常规，劈头便是一句：“人之为学，不日进则日退。”犹如宋人范宽的山水画，一峰突兀立于眼前，惊心动魄，且又一览无余，使人观赏之时如醍醐灌顶，茅塞顿开。

接下来，他又一一述说了求学者所处的不同环境的三种情况。第一种是“独学无友，则孤陋而难成”，第二种是“久处一方，则习染而不自觉”，第三种是“不幸而在穷僻之域，无车马之资，犹当博学审问，古人与稽，以求其是非之所在，庶几可得十之五六”。无论哪种情况，对于一个不是自觉地甚至自虐地学习的人来说都是不利的，因为不可能人人都是自觉学习而后成才的王冕，也不可能人人都是凿壁偷光的匡衡、悬梁刺股的苏秦、囊萤映雪的车胤。处于这样的不利环境中，囿于一己之见、一方之域，求学者难免孤陋寡闻，积习成弊，这是作者的独到见解。他指出，做学问只有打破自我封闭状态，走出书斋，走向更为广阔的社会空间，增长见闻并虚心向别人学习，才能不断进步。他反对“独学无友”“足不出户”的那种“寒窗式”传统方式，反对浮于辞表、不究是非、偏离精髓的读书方法，倡导学以致用，以“济天下”。他也承认个人的主观能动性所能起到的一定作用，但即使是这样，也只能达到十之五六。限于客观条件而未取得成功的人自然不少，但治学态度不正确而造成不良结果的也不在少数。他坚决反对因袭前人，人云亦云。这里所说的“古人与稽”“求其是非之所在”，也是告诫友人读书要得其精华，学以致用。

顾炎武沉痛地指出，那些既不深入社会现实，又不肯下功夫刻苦读书的人，是注定不会有什么成就的，到头来只能成为对社会进步毫无用处的庸人。

最后，顾炎武顺理成章、水到渠成地引用了孔子的一段话作结，论证“忠信”易求，“好学”难得，以正面激励今人学习孔子的“好学”精神。整篇文章，字字珠玑，无一字无用，虽然只有一百多字，却具备了“凤头、猪肚、豹尾”的美文好诗“三要素”。

这篇短文既是顾炎武对我国古代学者虚心好学的优良传统的总结，也表现了他自己一生身体力行的治学态度。全文由反及正，以退为进，论述为学之道，犹如剥笋，层层分析，最后归结于核心——好学，读来酣畅淋漓，毫无说教之感，令人如饮醴泉，如嚼芦栗，甘甜在喉，齿颊留香。反复玩味，百读不厌。

与潘次耕札[1]

康熙八年二月(1669年3月)

接手书，具感急难之诚，尤钦好学之笃。顾惟鄙劣，不足以裨助高深。故从游之示，未敢便诺[2]。今以天下之大，而未有可与适道之人[3]。如炎武者，使在宋、元之间，盖卑卑不足数[4]。而当今之世，友今之人，则已似我者多，而过我者少。俗流失，世坏败，而至于无人如此，则平生一得之愚，亦安得不欲传之其人，而望后人之昌明其业者乎？

凡今之所以为学者，为利而已，科举是也。其进于此，而为文辞著书一切可传之事者，为名而已，有明三百年之文人是也。君子之为学也，非利己而已也。有明道淑[5]人之心，有拨乱反正之事，知天下之势之何以流极而至于此，则思起而有以救之。不敢上援孔、孟，且六代[6]之末，犹有一文中子[7]者，读圣人之书，而惓惓[8]以世之不治、民之无聊[9]为亟。没身之后，唐太宗用其言以成贞观之治，而房、杜诸公[10]皆出于文中子之门。虽其学未粹于程、朱，要岂今人之可望哉？

仰惟来旨[11]，有不安于今人之为学者，故先告之志以立其本。惟愿刻意自厉，身处于宋、元以上之人与为师友，而无徇乎耳目之所濡染者焉，则可必其有成矣。

注 释：

〔1〕本文原载于《亭林余集》。潘次耕，即潘耒。

〔2〕未敢便诺：不敢轻易许诺。潘柽章被害以后，潘耒多次写信给顾炎武，表示愿意跟着他学习，但顾炎武考虑到多方面的原因，长时间内没有轻率地答应。

〔3〕可与适道之人：指志同道合者。《论语》："可与共学，未可与适道。"适道，谓进于道。

〔4〕卑卑不足数：数不胜数，不值一提。

〔5〕淑：使之善也。

〔6〕六代：此指东晋、宋、齐、梁、陈、隋六朝。

〔7〕文中子：即王通，字仲淹，隋河东郡龙门县人。幼笃学，西游长安，奏《太平十二策》。知谋不用，退居河、汾，教授弟子，受业千数。卒后，门人谥曰"文中子"。著有《中说》《礼论》《续书》《续诗》《元经》《易赞》等书。

〔8〕惓惓（quán quán）：诚恳、深切之意。

〔9〕无聊：生活穷困，无所依赖。

〔10〕房、杜诸公：房指房玄龄，杜指杜如晦，两人皆贞观

时相。玄龄善谋，而如晦长于断，故世言良相，必称房杜。

〔11〕仰惟来旨：省察来信之意旨。

简　析：

这是顾炎武写给几次要求拜他为师的潘耒的第一封信。潘耒（1646—1708），字次耕，号稼堂，清吴江平望人。早年得顾炎武、徐枋、王锡阐、吴炎、兄柽章诸君为师友。数年于经籍子史、诗赋古文辞、历算音韵之学课习讨论，遂无不洞达。康熙十七年（1678），朝廷征博学鸿词之士，潘耒得到谢重辉举荐，以母老固辞，受敦迫而行，抵都，召试体仁阁下，擢二等第二名，授翰林院检讨，参与纂修《明史》。又牒吏部，以独子请终养，三上，不果，乃受职，主纂《食货志》而兼订其他纪传，自洪武至宣德五朝具有成稿。康熙二十三年，甄别议起，遂坐浮躁降调。在翰林五年，至是归里，竟不复出，晚岁惟究心易象数与历算之学。康熙四十七年九月廿九日病卒，享年六十三岁。其诗集十五卷、文集二十卷、别集四卷，合为《遂初堂集》。

在众多朋友中，顾炎武和潘耒的关系有点儿特别，他俩其实是同辈人，但是顾炎武比潘耒大三十三岁。潘耒是顾炎武的挚友潘柽章的弟弟，比兄长潘柽章小二十岁。早在康熙二年（1663），潘柽章就因为受庄氏《明史》案牵连，被凌迟于杭州。另外，是顾炎武把潘耒介绍给淮安的朋友王略，并促使两人成为翁婿关系的，但潘耒结婚后不久，岳父和妻子这父女俩却相继离世了。

潘耒想要拜顾炎武为师，这对顾炎武来说是一个十分棘手的问题，因为他早年就说过，自己不立讲坛，不收弟子。他自认鄙劣，不足以裨助高深。因此，在苦口婆心地给潘耒讲了一番道理之后，他又殷切地勉励潘耒“刻意自厉，身处于宋、元以上之人与为师友，而无徇乎耳目之所濡染者焉，则可必其有成矣”。其实，扪心而问，他何尝不想将“平生一得之愚”“传之其人，而望后人之昌明其业”呢？看来，他给自己还是留有余地的。

潘耒学习也是十分刻苦的，他从小受到哥哥的影响，早年师从徐枋学习的那段日子给他带来的好处也让他受用终身。后来拜师于顾炎武门下，他的学术水平更是得以快速提升，他抱定了从师终身的决心。后来，他受人举荐，参加了博学鸿词考试，取得二等第二名的成绩。再后来，辞官以后，他周游四方，克服重重困难，为编辑整理和出版顾炎武的著作付出了最大努力，康熙三十四年（1695），在福建建阳将整理后的三十二卷本《日知录》刻印行世。

答人书[1]

康熙八年（1669）

出游一纪[2]，一生气骨幸未至潦倒随人，而物情日浇[3]，世路弥窄，追想与吾兄语濂读书之时，真是武陵[4]洞口，不可复寻矣！

丁酉之秋，启途淮北，正值淫雨，沂、沭下流并为巨浸[5]。跣行[6]二百七十里，始得干土，两足为肿，寄食三齐[7]。明年客北平，又明年客上谷[8]。一身孤行，并无仆从，穷边二载，藜藿[9]为飧。庚子南涉江、淮，辛丑薄游杭、越，乃得提挈书囊，赍[10]从估客[11]。壬寅以后，历晋抵秦，于是有仆从三人，马骡四匹。所至之地，虽不受馈，而薪米皆出主人。从此买妾生子，费用渐奢，北方生计未立，而南方又难兼顾。微本为人所负，相知官长一时罢裁，奸人构祸，幽囚异方，仆夫逃散，马骡变卖，而日用两餐无所取给。十年以来，穷通[12]消息[13]之运如此，又何以为故人谋哉？

注　释：

〔1〕本文原载于《蒋山佣残稿》卷二。是写给陈亮工的。

〔2〕出游一纪：出外游历十二年。一纪，十二年。

〔3〕物情日浇：世情越来越刻薄。物情，物理人情，世情。浇，刻薄，浇薄，浇漓。

〔4〕武陵：出自陶渊明《桃花源记》，后用以当作桃花源的代名词。

〔5〕巨浸：大水。此处形容整个大地一片汪洋。

〔6〕跣行：赤脚行走。

〔7〕三齐：指山东地区。

〔8〕上谷：地名，今河北省承德市承德县地区。

〔9〕藜藿：书面语言，指粗劣的汤羹。

〔10〕赍（jī）：以物送人，也指凭借、借助；旅行的人携带衣食等物。

〔11〕估客：指商人。

〔12〕穷通：困厄与显达，阻隔与通畅。

〔13〕消息：消减与增长互为更替。泛指生灭、盛衰。《易·丰》："日中则昃，月盈则食；天地盈虚，与时消息。"昃，太阳西斜。食，蚀，亏缺。《庄子·秋水》："消息盈虚，终则有始。"

简　析：

陈亮工，即陈芳绩（约1610—1675后），字亮工，常熟人。顾炎武早年奉母避难于常熟语濂泾时，曾与陈家为邻，并与陈亮工的祖父陈梅结为忘年交。陈梅（1585—1650），字鼎和，弱冠补学官弟子，试高等，为增广生，后遭国变，为诸生三十年。

现在能够看到的顾炎武写给陈亮工的信共有两封，这是给他第一封信的回复。陈亮工给顾炎武写第一封信，已经不是像两人以前在语濂泾读书时那样，要一起研讨学问了，而是苦思登龙术，想寻门钻眼，通过各种人脉关系，千方百计地挤进官场。陈亮工忘记了祖训和自己当年的誓言。从顾炎武的这封回信中我们可以得知，自从顾炎武离开江南以后，十二年中，两人并未通过音信。信的第二段，顾炎武详细叙说了这些年中自己南来北往的经历，告诉陈亮工，自己也是刚摆脱济南狱灾不久，生活十分窘迫。然后，顾炎武道出了自己的苦衷，说自己尚且自顾不暇，又怎么能够谈得上给老朋友以帮助呢？相信陈亮工收到此信后，也会收回请求的。果不其然，陈亮工后来再没有为求仕的事情麻烦过顾炎武。

但是，陈亮工自然也有他的特殊成就。他“究心于天文地理之书，著《天下郡县舆图》”，又“博观二十一史，广搜天下志乘，按其山川、城郭、形势、位置，究其历代渊源”，于康熙六年（1667）冬撰成《历代地理沿革表》，终成一家之言，名垂青史。可惜书成之后，他无力出版，只能长期搁置，因此顾炎武没有能够看到。该书真正得以面世，已经是在两百多年之后。

与魏某（顷至关中）[1]

康熙八年（1669）　陕西华阴

顷[2]至关中，适以制府[3]之招，前赴陇右[4]，东来之期，尚未可卜。薄产在彼，既承金诺，必蒙照拂。但刘成志系无赖棍徒，迟进亦不过一雇工之人，无异使羊将狼[5]。恐此庄向日租银每年一百六十两，若安派庄头办课[6]之外，尚可宽然有余，此为久策；若使委之成志，亦须取一包管办课甘结[7]，此为暂策[8]。二者不行，异日必以赔粮见祸[9]，执事[10]一片盛心，不反堕小人之狡计乎？及今图之，犹未为晚，伏乞垂神[11]。

注　释：

〔1〕本文原载于《蒋山佣残稿》卷一。原题在“魏某”后注有“章丘令”三字。魏某，其名不详，时任章丘县令。

〔2〕顷：不久以前。

〔3〕制府：制置司衙门，掌军务。明清两朝的总督，均被尊称为制府。

〔4〕陇右：又称陇西，泛指陇山以西地区。古代以西为右，

故名。这一地区在当时算是富庶地区。

〔5〕使羊将狼：把羊赶进了狼群。

〔6〕办课：犹纳税。

〔7〕甘结：画押字据，保证某事，否则甘愿受罚。

〔8〕暂策：一时之计。

〔9〕赔粮见祸：最终的结果也可能是要赔上老本的。

〔10〕执事：对对方的敬称。

〔11〕垂神：敬辞。请对方为此事费神操心。

简　析：

顾炎武在北方到处游历，同时也打理着他的商业事务。《清史稿》中有他的传记："炎武自负用世之略，不得一遂，所至辄小试之。垦田于山东长白山下，畜牧于山西雁门之北、五台之东，累致千金。"每到一个地方，他都要经营实业，以维持日常用度及治学所需。在山东长白山，他买下多达千亩的一片贫瘠之地，租给别人耕种，经过四年的努力，将其改造成了产出颇丰的富饶之地。

顾炎武是名义士，但也十分重视生存问题。他说："人有恒心，须有恒业，故学者以治生为急。"一定要有挣钱的本事，不能仰人鼻息，要真正实现个人在经济上的独立。因此，他不愿意自己"不事生产"，"不知门外有经营"，而是直接参与经营管理，以实现利益最大化。他做到了自力更生。

然而，由于小人从中作祟使坏，顾炎武在济南诗狱结案以后，不得不另做打算，开辟新路。他将在章丘的土地转到徐元文名下，并委托魏县令代为照管。但魏县令选人不当，致使管理方面存在许多缺陷。顾炎武得知以后，立即给魏县令写了此信，指出这样做的结果可能是连老本也要赔上的，魏县令虽是一番好心，但很有可能坠入小人精心设计的狡诈陷阱。现在改正还来得及，烦请魏县令为这事多操点心。

事实上，魏县令虽是好人，但办事能力较差，又屈服于地方上的邪恶势力，因此，虽然后来顾炎武又给他写过两封信，但直到调任前，他也没有把这块土地盘出去。他走后，徐县令接任，终于将此事了结。

与潘次耕[1]

康熙八年（1669）

接手札如见故人。追念痛酷[2]，其何以堪！古人于患难之余，而能奋然自立，以亢宗[3]而传世者，正自不少，足下勉旃[4]，毋怠！承谕负笈从游，古人之盛节，仆[5]何敢当！然中心惓惓，思共晨夕，亦不能一日忘也。而频年[6]足迹所至，无三月之淹[7]，友人赠以二马二骡，装驮书卷，所雇从役，多有步行，一年之中，半宿旅店，此不足以累[8]足下也。近则稍贷资本，于雁门之北、五台[9]之东，应募垦荒。同事者二十余人，辟草莱[10]，披荆棘，而立室庐于彼。然其地苦寒特甚，仆则遨游四方，亦不能留住也。彼地有水而不能用，当事[11]遣人到南方，求能造水车、水碾、水磨之人，与夫能出资以耕者。大抵北方开山之利过于垦荒，蓄牧之获饶于耕耨[12]，使我有泽中千牛羊，则江南不足怀也。《列子》"盗天"之说，谓取之造物而无争于人。若今日之江南，锥刀之末[13]，将尽争之，虽微如蠛蠓[14]，亦岂得容身于其间乎？文渊[15]、子春[16]并于边地立业，足下倘有此意，则彼中亦足以豪[17]，但恐性不能寒，及家中有累耳。徐介白[18]久不通书，为我以此字达之，知区区[19]未死，宇内犹有一故人也。

注　释：

〔1〕本文原载于《亭林文集》卷六。

〔2〕痛酷：非常痛心。

〔3〕亢宗：庇护宗族。亢，遮蔽，庇护。

〔4〕旃：语气助词，“之焉”的复合音。

〔5〕仆：旧谦称“我”。

〔6〕频年：连年。

〔7〕淹：留，停留。

〔8〕累：带累，连累，麻烦。

〔9〕五台：指五台山，在山西五台东北。

〔10〕草莱：茅草、杂草之类。这里泛指未开垦的荒地。

〔11〕当事：犹言当局，指当权者，居官者。

〔12〕耕耨：耕田除草。亦泛指耕种。

〔13〕锥刀之末：形容地方小。

〔14〕蠛蠓：一种小虫子。

〔15〕文渊：指马援。

〔16〕子春：“春”疑为误字，应为“泰”。子泰，指田畴。

〔17〕豪：富足。

〔18〕徐介白：指徐白，字介白，号笑庵。本浙江嘉兴人，徙江苏吴江，与徐枋、归庄等友善。明亡后，弃举业，隐居苏州灵岩山，以种蔬菜瓜果自给。

〔19〕区区：自称的谦辞。

简　析：

这封信写于康熙八年（1669），这一年顾炎武北游已经十二年了，也就是古人说的“一纪”，以现在的眼光回过头去看，到这一年，他已经走了总行程的将近一半的路程了。这封信是回答潘耒诚恳地要求拜师之事的。信一开始，顾炎武对潘家连遭不幸表示了深切的悲痛和同情，勉励潘耒不要因此而消沉，要“奋然自立”，“亢宗而传世”。接着，顾炎武对潘耒再三要求拜师之事表示了自己的态度。在信中，顾炎武尽管也表现出了为难的意思，但还是觉得盛情难却，告诉潘耒如果真想到北方来，就要做好吃苦的准备。他向潘耒介绍了自己艰苦的漫游生活，特别是垦荒的情况以及自己决定留居北方的打算。他认为北方虽然气候条件恶劣，生活艰苦，但也有好处：一来可以取造物之利，二来可以在边地立业。顾炎武希望潘耒能和他一起经营，其中也隐有共图恢复的深意。这封信行文委婉，文字朴实无华，辞意恳挚，情深意切，蕴含着婉曲的情致。

这一年，顾炎武在十一月二十六日到京，而潘耒也在一个月之后，即春节之前，于十二月二十六日左右到京，那时离过年也只有三四天的时间了。因此，此信的写作时间应该在十二月之前。后来，顾炎武收下了潘耒作为自己的学生，潘耒的愿望实现了。事实证明，顾炎武做得很对，否则，他的遗著由谁来帮助搜集整理，最后得以刻印行世呢？这是顾炎武和潘耒关系的一次重新开始，也确定了最终的一个最好的结局。

顾炎武与潘耒的关系是十分密切的，也是十分感人的。这种包含着多重因素的关系，决定了潘耒一生中求学、成家、拜师和事业的走向以及道路方面的重大选择。没有顾炎武，潘耒很可能不会取得太大的学术成就；而没有潘耒，顾炎武的各种成就也许就会湮没在历史的烟尘里，得不到宣传与传承。

与人札[1]

康熙九年（1670）

十年阔别，梦想为劳[2]。老仁兄闭户著书，穷探今古，以视弟之久客边塞，歌兕虎而畏风波[3]者，敻若霄凡之隔[4]矣。正在怀思，而次耕北来，传有惠札，途中失之。仅得所注《杜集》一卷，读其书，即不待尺素[5]之殷勤，而已如见其人也。吾辈所恃，在自家本领足以垂之后代，不必傍人篱落[6]，亦不屑与人争名。弟三十年来，并无一字流传坊间。比乃刻《日知录》二本[7]，虽未敢必其垂后[8]，而近代二百年来未有此书，则确乎可信也。道远未得寄呈。偶考杜诗十余条，附便先寄太原。旅次[9]炙冻书次，奉候起居，不庄不备[10]。

弟名正具。

注　释：

〔1〕录自民国年间《国粹学报》第一年第七号。潘刻《亭林

文集》未收此文。三百余年，不知收信人为何人，近有学者周金标认为是吴江朱鹤龄，现从此说。

〔2〕梦想为劳：睡梦中也在想，致使疲劳。形容思念之深切。

〔3〕歌兕虎而畏风波：见《诗·小雅·何草不黄》："匪兕匪虎，率彼旷野。哀我征夫，朝夕不暇。"兕，兽名。风波，比喻人事纠纷或困难。

〔4〕敻（xiòng）若霄凡之隔：两人的差距就像一个在天上、一个在地上一样遥远。敻，远。霄，天空。凡，世间。

〔5〕尺素：小幅的丝织物，也指书信。

〔6〕傍人篱落：比喻依附他人。傍，依附。篱落，篱笆。

〔7〕《日知录》二本：此指1669年到1670年在德州刻印的八卷本《日知录》。

〔8〕必其垂后：必将流传于后世。

〔9〕旅次：指旅途中小住的地方，也指旅途中暂作停留。

〔10〕不庄不备：旧时书信结尾常用的谦辞，意思是说自己的信写得不恭敬不详尽。多用于给尊长的书信。不庄，不恭敬。不备，不详尽。

简　析：

这是到目前为止能够看到的顾炎武和朱鹤龄之间唯一的信札。朱鹤龄（1606—1683），字长孺，自号愚庵，吴江同里人，明末诸生。入清后绝意仕进，隐居著述，晨夕不辍。与黄宗羲、顾炎武、李颙并称“海内四大布衣”。他与当时的著名学者多有交往，特别是与顾炎武、钱谦益等过从甚密，与黄宗羲也有交往；与顾炎武为友后，致力于经学，颇有造诣。著有《愚庵小集》及《杜工部集辑注》等书。

朱鹤龄认识顾炎武以后，受到顾炎武的启发，学术道路发生了重大转折，由研究诗文笺注转向研究经学。他的经学成就与顾炎武的启发和长期的鼓励是密不可分的。他对顾炎武“时贻帐秘”给予自己学术帮助充满敬意，并对顾炎武的学术成果后继乏人表示担忧。顾炎武去世次年，朱鹤龄也在贫病中离世。顾炎武的这封信涉及他自己、朱鹤龄与钱谦益的关系问题，当然这不只是私人关系的问题，而是思想认识上和人格上的重要问题。仅仅在对杜诗的集注方面，他们之间就存在着尖锐的分歧。当时在辑注杜诗方面有两个名人，一个是钱谦益，一个就是朱鹤龄，时人称为“钱笺”与“朱注”。顾炎武北游之后，朱鹤龄坐馆钱谦益家，帮助钱谦益完成杜诗全注，但因见解不同，数年后两人反目。而顾炎武是坚决地支持朱而反对钱的，他首先是反感钱的变节仕清，再就是反感钱在学术上的不认真态度，认为钱借合作之名，行争名之实，甚至违反学术规范，强引后人诗作以为佐证。因此，顾炎武在信中特别强调了“不必傍人篱落”，鼓励朱氏“不屑与人争名”，坚持独立的学术勇气。顾炎武的称许以及道义上的支持，无疑给饱受屈辱的朱氏以极大安慰，这也是两人之间患难情谊的真实写照。

朱鹤龄长顾炎武七岁，和顾炎武的外甥徐乾学也是忘年交。写这封信时，两人已有十年未曾见面。在称赞了对方一番之后，顾炎武转入正题，认为他们在学术方面取得的成绩，必将垂名于后世，所以不屑与人争名，也不必去仰仗什么高官名人来为自己贴金。后来的事实证明了顾炎武的预见的准确性，《日知录》的影响自不必说，朱鹤龄的《杜工部集辑注》也在杜诗研究方面达到了前人未及的高度，虽然因为书前有钱谦益所作的序而被列入《四库全书》抽毁之目，但其影响却是无法禁毁的，至今还被杜诗研究者奉为圭臬。

覆智栗书[1]

康熙九年正月（1670年2月）

远接手书，益深悲哽[2]！贤侄今日惟有善事高堂，力学不倦，安分守拙，以为保家之计，异日国人皆称幸哉有子，即尊公[3]为不朽矣。志铭谊不敢辞[4]，草成另上。不佞以十一月廿六日入都，而次耕后此匝月[5]始至。今将于长安[6]图一读书之地，必不虚其千里相从之愿也。南迈[7]之期，尚未有日，如大葬有日，幸驰书见示[8]。便羽草草，未悉。

正月十六日，炎武顿首。智栗贤侄。

注　释：

〔1〕本文原见于《亭林佚文辑补》。原载于民国《国粹学报》第一年第七册，当时题名为《自燕都覆智栗书》。长期以来不知收信者为何人，民国初年陈去病考得此人即王略之子王宽。

〔2〕益深悲哽：特别悲痛。因为顾炎武这次收到的信的内容，是王略的儿子报告其父亲去世的噩耗。

〔3〕尊公：敬辞，指对方的父亲。

〔4〕志铭谊不敢辞：给王略写墓志铭的事情，是万万不能推辞的。谊，同“义”。

〔5〕匝月：满一个月。

〔6〕长安：此指北京。

〔7〕南迈：南行，南归。

〔8〕驰书见示：来信告诉。

简　析：

这是顾炎武写给王略的儿子王宽的一封信。王略死的时候，正值寒冬，顾炎武正在北方游历，没能返回吊唁，为此他一直心存愧疚。得到讣文后，他立即写了一篇墓志铭，准备寄回去。那时他刚到北京。一个月后，王略的女婿，也就是王宽的姐夫、顾炎武亡友潘柽章的弟弟潘耒也千里迢迢地来到北京，表示要跟着顾炎武学习。顾炎武不忍心让潘耒千里相从之愿落空，就接受了潘耒的拜师礼，收下了一生中唯一的弟子。他写信请王宽将王略正式安葬的日子告诉自己，并且对对方说，何时回南方，自己目前也定不下来。

王略对顾炎武的确是情深意厚，他不仅欣然接纳了顾炎武的弟子潘耒成为自己的女婿，还希望顾炎武能够结束四处漂泊奔波的生活，回到江南来；他甚至愿意给顾炎武提供住所，以便一起研究学问。只可惜，顾炎武北上游历的决心太过坚定，王略只能含泪相送。这一情景，顾炎武始终铭记在心。

与叶嵋初[1]

康熙十二年八月（1673年9月）　山东济南

同善之举，劳民劝相[2]之政寓乎其中。杜子美谓“安得结辈十数公，落落然参错天下为邦伯”[3]。弟亦谓老年翁[4]欲以一邑之化[5]，推诸海寓[6]，其用心远矣。谨当奉扬仁风，播之四国。夏初可至历下[7]，惮暑[8]未便山游，更以异日可耳。

肃此附谢，不宣。

注　释：

〔1〕本文原载于《蒋山佣残稿》卷二。叶嵋初，即叶方恒。

〔2〕劳民劝相：慰劳民众并劝其相互帮助。语出《周易·象传》：“木上有水，井。君子以劳民劝相。”唐孔颖达疏：劳，慰劳；劝，劝告；相，相助。

〔3〕“杜子美”句：杜甫《同元使君舂陵行》序中有“得结辈十数公，落落然参错天下为邦伯，万物吐气，天下小安可待

矣”的话，意思是，倘有耿介如元结者十数人加入地方官的行列，那么天下就可以太平安定了。这里是恭维叶方恒的话。

〔4〕老年翁：敬辞，称叶方恒。

〔5〕一邑之化：成功治理一个地方的经验。

〔6〕推诸海寓：推广到更大的范围去。

〔7〕历下：地名，今属济南。

〔8〕惮暑：害怕天热。在此是托词，借故推辞谢绝。

简　析：

叶方恒（1615—1682），字嵋初，号学亭。叶重华子，叶方蔼兄。明末清初昆山人。清顺治十五年（1658）进士，授贵州贵阳府推官。康熙八年（1669）以裁缺改知山东莱芜县，康熙十三年迁运河同知。擢按察佥事，官至山东济宁兵河道、副使。四年中，运道塞通，筹划尽善，悉见实行。著有《山东全河备考》四卷等。

顾炎武家与叶方恒家存在着一定的姻亲关系，两家在昆山当地都算得上是豪门大户。顾炎武有个姐夫是徐开泽，而徐开泽又是叶方恒的妻哥。徐乾学、徐秉义、徐元文三兄弟，又是徐开泽和叶方恒妻子的堂侄。叶方恒其实也算是一个好官，为官颇有治绩，却偏偏与顾炎武仇深似海。

明朝崇祯末年，家难发生之后，为了避免家族分裂、人财两空，顾炎武不得已将顾家的八百亩土地低价典卖给了叶方恒。殊不知，叶方恒觊觎顾家家产已久，商定以一半价格买下八百亩土地犹不满足，付钱拖拖拉拉，有赖账之意；到顺治七年（1650），甚至起了杀死顾炎武之心，企图加害顾炎武。被逼无奈，再加上其他原因，顾炎武干脆选择离开昆山，在外漂泊了五年。

凑巧的是，崇祯帝自缢，大明倾覆之后，顾炎武曾给南明朝廷写过一封信，表达忠心和决心，结果这封信却被顾家的一个家奴私扣了下来。后来，这家奴眼见顾家日益败落，而顾炎武又久出不回，竟背叛了顾家，投靠了叶方恒。顺治十二年（1655），叶方恒与这家奴准备拿这封信做文章，只要告发到清廷官府，顾炎武必有灾殃。顾炎武得知消息后，十分愤怒，从南京赶回昆山老家，亲自处死了叛奴。

叶方恒为了达到侵吞顾炎武八百亩土地的目的，便借着顾炎武杀奴一事，私设牢房拘禁顾炎武，逼使顾炎武自杀不成，后又把顾炎武送进衙门监狱。顾炎武的朋友路泽溥介入后，案件被移送松江府审理。没有了叶家势力的干扰，顾炎武才得以脱罪，于次年春季出狱。叶方恒恼羞成怒，不甘心失败，竟派人追杀顾炎武，使其险遭危难，差点丧命。至此，顾炎武下定决心，踏上了北游之路。

到了顺治十五年（1658），叶方恒考中进士，春风得意，傲视于故乡。想不到次年京城春闱、殿试，连爆“冷门”：顾炎武的三外甥徐元文高中进士第一名，被顺治皇帝御笔钦点为“佳状元”！这件事对叶方恒的震动不啻一次特大地震，使其无心茶饭，不能安静度日。叶方恒心惊胆战地过了几年，事情又出现了重大转折：徐元文受“奏销案”影响，被贬官回家辩白，又先后为父亲和祖母治丧，远离京城五六年。叶方恒这才从虚惊和后怕中走了出来。眼看着事情过去，风波平息，康熙七年（1668），又一个消息让叶方恒喜出望外：顾炎武在济南进监狱了！随后叶方恒便于康熙七年春夏之交“尽室赴任”，带全家人跟着自己享福去了。

孰料“峰回路转”，变化又起：康熙九年（1670），顾炎武的大外甥徐乾学成了探花！还没等叶方恒从惊吓之中回过神来，康熙十二年，顾炎武的二外甥徐秉义在刚刚结束的科举考试中，又紧随兄长之后成为探花！而本届状元恰恰是徐乾学的得意门生韩菼，榜眼王度心（后改名王鸿绪）又是徐乾学和徐元文的好朋友！这一连串的打击把叶方恒吓得喘不过气来，意识到识时务者为俊杰，该低头时且低头吧。于是他这才硬着头皮、抹下脸皮，给顾炎武接连写来两封信，希望两人能重归于好。两人以前何曾好过？充其量只能说是希望“握手言和”罢了。但愿云破天开，“渡尽劫波兄弟在，相逢一笑泯恩仇”。

顾、叶两人之间的矛盾至此已有近三十年。接到叶方恒的来信时，顾炎武的三个外甥都已经在朝中为官。叶方恒虽然在地方建设上做出了成绩，但在这个时候邀请顾炎武登山游玩，完全是出于对权势的威惧和屈从，以屈求伸而已。

顾炎武十分平静，他知道应该怎样面对这件蹊跷而又可笑的事情。在违心地恭维了对方几句好话，给对方戴了好几顶高帽子之后，他还说希望把叶方恒治理地方的先进经验推向全国去。然后笔锋一转，他说自己夏初就要到济南去，但受不了夏季的炎热，不便接受对方共游泰山的邀请，还是等到以后有机会了再说吧。这等于是婉言拒绝了对方的一番“好意”。叶方恒的担忧没有到此为止。不久，两人间又有了第二次来信与复信，顾炎武又是将球轻轻踢了回去，叶方恒还是没有达到目的。

从后来的事情来看，顾炎武舅甥两代人并没有针对叶方恒人为地制造过政治上的压力。在这两次书信往来过后的八九年时间中，三方面一直是相安无事的。叶方恒的弟弟叶方蔼病重回老家休息，还是徐元文护送其到家的。巧合的是，康熙二十一年（1682），顾炎武去世，享年七十岁；两个多月后，叶方蔼去世，年仅五十四岁；不久，叶方恒也死于任上，他活了六十八岁，徐乾学还叫自己的一个儿子护送他的灵柩回到故乡安葬。

三人同年去世，顾、叶两家几十年的怨仇，就此了结。

寄王仲复先生书[1]

康熙十四年（1675）

仰止高风，非一日矣。顷过砥斋，读大著，深服先生潜心正学，根本六经，而下问虚怀，不遗凡鄙，岂非今日之古人哉！因有频阳之约[2]，信宿[3]便行，未及抠衣[4]上谒；翘首渭滨，实深溯洄之慕[5]！兹以《下学指南》一册、《日知录》一部，有舛漏[6]，祈赐驳正。更期便道一望光尘[7]。不尽。

注　释：

〔1〕此文最初由王重九辑自王兆鳌《朝邑县后志·卷八·艺文》，载于中华书局《亭林佚文辑补》1959年第一版。《顾炎武全集（21）》亦收入。王仲复，时为关中名士。

〔2〕因有频阳之约：因为和频阳那里的朋友李因笃有个约定。频阳，地名，属今陕西富平县。

〔3〕信宿：连住两夜，也表示两夜。也指两三日。

〔4〕抠衣：提起衣服前襟。古人迎趋时的动作，表示恭敬。

〔5〕溯洄之慕：敬辞，表示前往谒见的渴望。溯洄，逆着河流的方向朝上游走。

〔6〕舛漏：错漏，错误。

〔7〕更期便道一望光尘：更期望着方便的时候能够一睹你的风采。光尘，敬辞，称言对方的风采。

简　析：

王仲复，即王建常（1615—1701），字仲复，号复斋，朝邑（今大荔县）人。明亡后无意于官宦仕途，隐居陕西渭南一带，闭门读书著述，对六经、子、史、濂、关、洛、闽等学进行深入研究。晚年造诣精深，有儒士风度。著有《小学句读记》等数十部书。后人有“国朝吾关中讲学诸前辈，以朝邑王仲复先生为第一”的评价。

抵达秦地后，顾炎武常以书信方式与王仲复探讨思想要义，却并没有见过王仲复。而这封信写于康熙十四年（1675），说明顾炎武对于王仲复的仰慕由来已久。顾炎武在信中说道，自己前几天经过砥斋，读到王仲复的著作，佩服他潜心正学，根本六经，并且不耻下问，就连普通民众也不遗漏掉，真称得上是今天的古人啊！但自己和频阳那边的朋友已经约定好了，所以只住两个晚上就要离开，来不及前去拜望王仲复先生，只有遥望渭滨，心怀敬意了。先寄上两本近作，其中的错误之处，盼望得到指正。更希望能够早日见到对方的风采。谦谦君子的姿态和风貌跃然纸上，令人神往。

三年多以后，顾炎武为躲避清廷靖逆侯张勇和四川总督周有德的招纳，前往同官县，途中，于新年前夕，在华州吏目王尔谦署中，终于见到了仰慕已久的王仲复和另外几位陕西东府的文士。顾炎武与王仲复相谈甚欢，并作《过朝邑王处士建常》诗一首：“黄鹄山川意，相随万里翔。谁能三十载，龟壳但支床？”高度赞扬了这位令人崇敬的隐居高士。

王仲复虽然比顾炎武小两岁，却很长寿，直到八十七岁才安然逝去。

与黄太冲书[1]

康熙十五年九月（1676年10月）

辛丑之岁[2]，一至武林[3]，便思东渡娥江[4]，谒先生之杖履[5]，而逡巡未果。及至北方十有五载，流览山川，周行边塞，粗得古人之陈迹。而离群索居[6]，几同伧父[7]，年逾六十，迄无所成，如何如何！

伏念炎武自中年以前，不过从诸文士之后，注虫鱼[8]、吟风月而已。积以岁月，穷探古今，然后知后海先河[9]，为山覆篑[10]，而于圣贤六经之指、国家治乱之源、生民根本之计渐有所窥，未得就正有道[11]。

顷过蓟门[12]，见贵门人陈、万两君[13]，具谂[14]起居无恙。因出大著《待访录》[15]，读之再三，于是知天下之未尝无人，百王[16]之敝可以复起，而三代[17]之盛可以徐还也。天下之事，有其识[18]者未必遭其时，而当其时者，或无其识。古之君子所以著书待后，有王者[19]起，得而师之。然而《易》：“穷则变，变则通，通则久[20]。”圣人[21]复起，不易吾言，可预信[22]于今日也。

炎武以管见为《日知录》[23]一书，窃自幸其中所论，同于先生者十之六七，惟奉春[24]一策必在关中，而秣陵[25]仅作偏方之业，非身历者不能知也。但鄙著恒[26]自改窜，且有碍时[27]，未刻，其已刻八卷及《钱粮论》[28]二篇，乃数年前笔也，先附呈大教。倘辱收诸同志之末，赐以抨弹[29]，不厌往复[30]，以开末学[31]之愚，以贻后人，以幸万世，曷胜祷切[32]！

注　释：

〔1〕本文初见于《亭林佚文辑补》，是写给黄宗羲的。出自黄宗羲《思旧录》，又被收入其晚年手订之《交游尺牍》。张穆《顾亭林先生年谱》据《思旧录》抄入“康熙十五年”条，有删改。《亭林佚文辑补》据《顾亭林先生年谱》排印行世时，并未校订。现据黄宗羲《交游尺牍》校补。黄太冲，即黄宗羲。

〔2〕辛丑之岁：清顺治十八年，即公元1661年。

〔3〕武林：又名武林山，在杭州，故古人往往以“武林”代称杭州。

〔4〕娥江：即曹娥江。

〔5〕杖履：也作“杖屦”，指手杖与鞋子。古人席地而坐，鞋必脱于室外，出室复着之。为尊敬长者，长者可以先入室，后脱鞋。后因以此为敬老之辞。

〔6〕索居：散处，独居。

〔7〕伧父：鄙贱之人。

〔8〕注虫鱼：《尔雅》有《释虫》《释鱼》等篇，正统儒家以其与治世大道无关，而称之为虫鱼之学，含有轻视之意。

〔9〕后海先河：指先后次序。

〔10〕为山覆篑：比喻积小成大，积少成多。覆，盖、倾倒。篑，盛土的竹器。《论语·子罕》：“譬如平地，虽覆一篑，进，吾往也。”注：“虽始覆一篑，我不以其见功少而薄之也。”

〔11〕有道：有道德、有才华的人。

〔12〕蓟门：即蓟门关，今北京德胜门外土城关。这里代指北京。

〔13〕陈、万两君：陈，指陈锡嘏，字介眉，清代浙江鄞县人，康熙十五年（1676）进士，官翰林院编修。万，指万言，字贞一，号管村，清代浙江鄞县人。

〔14〕谂（shěn）：知道。

〔15〕《待访录》：即《明夷待访录》，黄宗羲著，计一卷，二十一篇。此书揭露封建君王的罪恶，强调民重君轻的思想，称“天下之治乱，不在一姓之兴亡，而在万民之忧乐”，以君为天下之大害。

〔16〕百王：历代帝王。

〔17〕三代：指我国历史上的夏、商、周三代。

〔18〕识：见识。

〔19〕王者：成就大业者，帝王。

〔20〕穷则变，变则通，通则久：见《周易·系辞下》。意谓事物发展到了极点就应当有所改变，改变之后才能通达，通达之后才能长久。

〔21〕圣人：人格、品德最高的人。

〔22〕预信：预言。

〔23〕《日知录》：顾炎武撰，初刻本八卷，定本三十二卷。为作者读书札记，故以“日知”为名。内容涉及经义、政事、史地、艺文、兵事、天象、术数等方面。顾氏积三十年之力成此书，自称平生之志与业尽在此中。不专为考订而作，而考证精审，颇多可取。清阎若璩撰《潜邱札记》，补正此书五十余条。清黄汝成又为之作《集释》，采辑至九十六家。

〔24〕奉春：即奉春君，汉娄敬的封号。《史记·娄敬传》：“于是上曰：‘本言都秦地者娄敬，娄者乃刘也。’赐姓刘氏，拜为郎中，号为奉春君。”奉春因此被作为建议立都某地的代名词。

〔25〕秣陵：地名，在今江苏省南京市。

〔26〕恒：常常。

〔27〕且有碍时：此四字他本皆无，仅见于张兵《顾亭林诗文选》中。

〔28〕《钱粮论》：顾炎武著，分上下两篇，见《亭林文集》卷一。文章主要就如何处理封建政权与人民的关系问题进行了论述。

〔29〕抨弹：批评，指点。

〔30〕往复：指书信来往。

〔31〕末学：浅薄的学者，也指非正统之学，这里是作者谦称。

〔32〕祷切：书信用语，形容殷切盼望之情。

简 析：

黄宗羲（1610—1695），浙江余姚人，字太冲，一字德冰，号南雷，别号梨洲老人等，学者称“梨洲先生”。明末清初经学家、史学家、思想家、地理学家、天文历算学家、教育家。他提出“天下为主，君为客”的民主思想，主张以“天下之法”取代皇帝的“一家之法”，限制君权，保证人民的基本权利。他的政治主张抨击了封建君主专制制度，对其后反专制斗争起到了积极的推动作用。他与顾炎武、王夫之并称“明末清初三大启蒙思想家”，又有“中国思想启蒙之父”之誉。他学问渊博，思想深邃，著作宏富，其中最为重要的有《明儒学案》《宋元学案》《明夷待访录》《破邪论》《思旧录》《明文海》《行朝录》《大统历推法》《四明山志》等。他曾给顾炎武写过一封长信，而本文则是顾炎武写给他的唯一信札。

在明末清初三大启蒙思想家中，从地理上来说，顾炎武和黄宗羲两人是相距最近的。本来顾炎武是可以在顺治十八年（1661）去杭州时见到黄宗羲的，却由于犹豫不决，最终还是未得一见。不过顾炎武的两个外甥徐乾学、徐元文，和黄宗羲本人及其侄子都是十分要好的朋友。

顾炎武对于黄宗羲是十分敬佩的，敬佩他广博的知识，还有那惊人的胆略。黄宗羲最早加入复社并成为活跃人物之一，还加入了何乔远发起成立的诗社；后来，又和两个弟弟等人在家乡建起了“梨洲复社”。入清后，黄宗羲被南明鲁王任命为兵部职方司主事，这个职务竟然和顾炎武的一样。后来，黄宗羲还升任左副都御史，遭清廷三次通缉，仍冒险送鲁王密信联络义军；家祸迭起，故居两次遭火。自顺治十年（1653）九月开始的二十六年间，黄宗羲一边在多地设馆讲学，一边写书编书，撰成《明夷待访录》《明儒学案》等。

岁至暮年，顾炎武总觉得十五年前未能拜访黄宗羲先生是人生一大憾事。于是，在康熙十五年（1676）秋季的一天，他写了这封信给黄先生。在这封信中，顾炎武回顾了十五年前那一次可能见面的机会，但轻易地被他错过了，甚是遗憾。这些年来，他游览山川，周行边塞，直到现在仍是离群索居，四处奔走，如同一个贫贱的粗汉一样，年逾六旬，却一无所成。此前，他经过京城，见到了黄氏门人陈、万两君，得知黄氏起居无恙，遂放下心来。他将《明夷待访录》反复读了几遍，不禁击节感叹，明白了天下并不是没有高人，百王之敝可以复起，三代之盛可以徐还的道理，只不过生不逢时罢了。他认为，可以预言，即使是圣人再世，他的这句话也不会改变。顾炎武毫不客气地说，在《日知录》一书中，他的观点和黄宗羲相同的约占十之六七。他希望黄先生能将八卷本的《日知录》

及《钱粮论》两篇文章收入《明文海》中，以贻后人，以传万世。顾炎武的真诚与坦荡，由此可见一斑。这封信中，坦荡的胸怀，直言不讳的态度，使人读后深受感动。这才是诤友之间的沟通与交流，没有丝毫的虚伪，只有对对方的敬仰与尊重，同时还有不必谦让的自信，真伟丈夫也！

所幸的是，顾、黄两人之间的信任与友谊，又在下一代人身上得到了很好的继承与发展，他们的思想得以长久流传。

与魏某（春杪一别）[1]

康熙十六年十月（1677年11月）　陕西华阴

春杪一别，忽焉半载，每领大教，永怀不忘。以九月二日入关，重登华岳[2]，且喜羽檄初停[3]，四郊无警[4]，而此中一二贤者，复有式庐[5]拥篲[6]之风。汧、渭[7]之间，将恣游瞩，未能即返，便羽托此奉候。章丘久无音问，便中幸嘱之留神。

注　释：

〔1〕本文原载于《亭林诗文集》《亭林文集》及《蒋山佣残稿》。

〔2〕华岳：指华山。

〔3〕羽檄初停：指平息“三藩之乱”的战事告一段落，朝廷和前方军队间频繁往来的谕旨与战报暂时没有了。

〔4〕四郊无警：到处都没有警报，周围一片安静。

〔5〕式庐：登门拜谒。

〔6〕拥篲：手执扫帚，立于门口，以迎接贵客到来。篲，扫帚。

〔7〕汧、渭：汧，指汧河，今名千河，为渭河左岸较大支流之一，特别是中下游地区阶地较宽，土地肥沃，灌溉条件较好，交通便利，水利发达，是粮油生产区之一。流域内城镇集中，陇县、千阳、陈仓区城区都在汧水沿岸。渭，指渭河，黄河的最大支流，发源于甘肃渭源，从西向东，流经整个关中平原，到潼关东入黄河。

简　析：

顾炎武这一年主要活动在京、鲁、晋、秦等地。三月下旬回到山东后，准备处理土地问题。他先是想把章丘的土地转手卖掉，但难以出手，陷入了“退不成俗人，进不成高士”的境地。无奈之中，他几次找到魏县令，与对方进行了深入的交谈，受益匪浅。他将土地托付给魏县令代管，然后回到北京，住在徐乾学家里。四月，他回了山东德州，在当地人张简可的家中，见到了嗣子顾衍生及其老师李云沾，把两人安排在了曲周的增福庙里暂住，自己独往山西。九月，他又去了陕西，住在华阴王弘撰家里，并再次登华山游览。信中，顾炎武对魏县令叙说了这半年来自己的行踪，并请他在方便的时候过问和关心一下自己在章丘的土地转卖一事。

答陈亮工[1]

康熙十六年（1677）

音问久阔，正在伫怀，忽接来札，知近履平善，令祖尊君[2]之丧，皆已终事，为之慰忭无已[3]。此宣尼[4]所云“孝子之终”，而孟子以为“可当大事”者也。□矢不为人作文二十年矣，属志铭，独以昔日逢乱之际，曾蒙令祖先生知己之爱，谊不敢辞，已具一稿，藏之笾篋[5]中。而来教复托□转求于当世之显者，则又自忖扬子云禄位容貌，不能动人，未足以耀九原[6]而传异日也。今再命之，其敢终秘而不出乎？可录葬年月日并新阡某地一一示之，但付达夫舍侄[7]，必不浮沉[8]。褊性幽栖，遂来华下，三千里之程，或未能亟达耳。素车祖送，有关大礼，如何如何！马表兄[9]近况想佳，并烦致念。贵地惟予先曾有一字，如永明、虞廷、昆良诸君[10]，并无恙否？便中及之。

注　释：

〔1〕本文原载于《蒋山佣残稿》卷一。

〔2〕令祖尊君：指陈亮工的祖父陈梅。

〔3〕慰忭无已：内心感到十分的安慰。

〔4〕宣尼：指孔子。汉平帝元始元年（1）追谥孔子为褒成宣尼公，后世因而称孔子为宣尼。

〔5〕箣箧：书箱。

〔6〕九原：指墓地。本为山名，在山西新绛北。因晋卿大夫之墓在此，后世遂以九原称墓地。

〔7〕达夫舍侄：达夫，名洪善，顾炎武弟顾缵之长子，兄缃之嗣子，康熙十五年（1676）进士，时官于京。

〔8〕必不浮沉：肯定不会丢失或发生别的意外。

〔9〕马表兄：指顾炎武二姐夫马嗣光。马嗣光，榜名刚，字右实，得康熙帝赐名嗣光，睢州人。

〔10〕永明、虞廷、昆良诸君：永明、虞廷，皆无考，但应都是顾炎武和陈亮工的朋友或熟人。昆良，指陈壁（1605—？），字昆良，号雪峰，明末清初常熟人。明诸生。复社成员。明亡后联络抗清，后归隐不出，以名节自励。

简　析：

这是顾炎武写给陈亮工的第二封信，时间上距离写第一封信已经过去了八年。这一次陈亮工来信，对请顾炎武帮忙推荐入仕的事情提也没提，而只为一件事：陈亮工的祖父陈梅与顾炎武曾结忘年之交，但因诸子贫极，陈梅卒后二十六年不克葬，直到康熙十四年（1675）年底始得安葬；那时，陈梅的三个儿子均已死去多年，只一子尚存，且已年迈无力。陈梅下葬前，陈亮工给顾炎武写信，乞一墓志铭。顾炎武虽不为人作此类文章已有二十余年，但独念昔日知交之情，乃破例为之，写成一稿，藏之箧中。因稿中尚缺某些必要的内容，所以他嘱咐对方“可录葬年月日并新阡某地一一示之，但付达夫舍侄”。陈亮工的愿望终于实现了。

答李紫澜[1]

康熙十七年九月(1678年10月)

春来两接琅函[2],著作承明,绸书金匮[3],自不负平生所学。太夫人暨令兄先生想俱禔福[4]。弟老矣,自舞象之年[5],即已观史书,阅邸报,世间之事,何所不知。五十年来存亡得失之故,往来于胸中,每不能忘也。中遘忧患,不废学业,稍有所窥。

常叹有名不如无名,有位不如无位。前读大教,谬相推许,而不知弟此来关右[6],不干当事,不立坛宇[7],不招门徒。西方之人或以为迂,或以为是。而同志之李君中孚[8],遂为上官逼迫,舁至近郊,至卧操白刃,誓欲自裁[9]。关中诸君有以巨游[10]故事言之督抚,得为谢病放归。然后国家无杀士之名,草泽有容身之地,真所谓威武不屈。然而名之为累,一至于斯,可以废然返矣!或曰“君子疾没世而名不称[11]”,何与?曰:君子所求者,没世之名;今人所求者,当世之名也。当世之名,没则已焉,其所求者,正君子之所疾也。而何俗士之难寤[12]与?

城郭沟池以为固，甲兵以为防，米粟刍茭[13]以为守，三代以来，王者之所不废。自宋太祖惩五季[14]之乱，一举而尽撤之[15]，于是风尘[16]乍起，而天下无完邑矣。我不能守，贼亦不能据，而椎埋[17]攻剽之徒乃尽保于山中。于是四皓之商颜[18]，刘、阮之天姥[19]，凡昔日兵革之所不经，高真[20]之所托迹者，无不为戎薮[21]盗区。故避世[22]之难，未有甚于今日，推原其故，而艺祖[23]、韩王[24]有不得辞其咎者矣。读书论世而不及此，岂得为"开拓万古之心胸[25]"者乎？

介眉[26]、允斌[27]、度汪[28]诸年翁[29]并不能专启，语次及之，为粲然一笑。天生北上陈情[30]，寄此数字，不悉[31]。

注 释：

〔1〕本文原载于《亭林文集》卷三，但题作《答李紫澜书》；又载《蒋山佣残稿》卷二，但后者内容较前者多出百余字。第一段正文八十九字，第三段正文三十五字，均为《蒋山佣残稿》所独有，他本皆无。《顾炎武全集（21）》将这两段内容列在《校勘记》中。李紫澜，即李涛。

〔2〕琅函：书匣的美称，对别人来信的尊称、美称、敬称，一般指道书，犹华翰。

〔3〕著作承明，细书金匮：指李涛任翰林院编修，纂修

《明史》之事。承明，汉代殿名，在未央宫中。绸，缀集。金匮，金属（金子）制成的藏书柜，借指国家藏书之处。

〔4〕禔福：安宁幸福。

〔5〕舞象之年：指男子十五至二十岁这一时期。舞象，谓武舞，后用为成童的代称。《礼记·内则》："成童，舞象，学射御。"疏：成童，谓十五以上。

〔6〕关右：指函谷关以西之地，属今陕西省。古代称东为左，西为右。

〔7〕坛宇：祭祀的坛场，此指学术门户。

〔8〕李君中孚：指李颙。李颙（1627—1705），明末清初人，字中孚，号二曲，又号土室病夫，二曲镇二曲堡人，学者称为"二曲先生"。父李可从，崇祯十五年（1642）随汪乔年讨李自成于河南，抵襄城，城破，遇难。时李颙年十六岁，从此与母亲彭氏艰难度日，仍奋发向学，终成学问大家，与浙江余姚黄宗羲、直隶容城孙奇逢并称"海内三大鸿儒"，与眉县李柏、富平李因笃并称"关中三李"。

〔9〕卧操白刃，誓欲自裁：指李颙曾被逼自杀一事。据全祖望《二曲先生窆石文》："大吏亲至榻前从臾，先生遂绝粒，水浆不入口者六日。而大吏犹欲强之，先生拔刀自刺，陕中官属大骇，乃得予假治疾。"

〔10〕巨游：谓李业。据《后汉书·独行传》："李业，字巨游，广汉梓潼人也……及公孙述僭号……欲以为博士，业固疾不起数年，述羞不致之，乃使大鸿胪尹融持毒酒奉诏命

以劫业：若起，则受公侯之位；不起，赐之以药。……遂饮毒而死。”

〔11〕君子疾没世而名不称：语见《论语·卫灵公》：“君子疾没世而名不称焉。”疾，恨。没世，死亡。

〔12〕寤：通“悟”，醒悟，理解。

〔13〕刍茭：干草，牛马的饲料，代指粮草。刍，喂牲畜的草。茭，干刍。

〔14〕五季：指五代。宋以后称后梁、后唐、后晋、后汉、后周为五代，前后凡五十余年。

〔15〕一举而尽撤之：谓宋太祖削平诸国，收石守信诸将兵权之事。

〔16〕风尘：喻战乱，状兵乱之象。

〔17〕椎埋：椎杀人而埋之。或谓发冢，即盗掘坟墓。

〔18〕四皓之商颜：四皓，指汉初四隐士东园公、绮里季、夏黄公、角里先生，四人皆须眉皓白，故谓“四皓”。商颜，山名，当指商山，在陕西商县东。

〔19〕刘、阮之天姥：相传东汉永平年间，会稽郡剡县人刘晨、阮肇到天姥山采药迷路，见溪边有二女子，忻然如旧相识。天姥，山名，在浙江新昌县东五十里，东接天台山。

〔20〕高真：指高人隐士，高尚不仕之人。

〔21〕戎薮：指战争多发之地。戎，战争，也是军队、士兵的代称。薮，大泽，比喻聚集的地方。

〔22〕避世：谓隐居。以上数句借古喻今，痛论时世之弊。

〔23〕艺祖：有文德才艺之祖，古代帝王对祖先的美称。后遂以“艺祖”为太祖的通称。

〔24〕韩王：谓宋赵普。赵普，字则平，幽州蓟人，以佐宋太祖功，累官至太师，封魏国公。真宗咸平初，追封韩王。宋太祖削平诸国，收石守信等诸将兵权，赵普俱参与其事。

〔25〕开拓万古之心胸：宋陈亮有“推倒一世之智勇，开拓万古之心胸”语。

〔26〕介眉：谓陈锡嘏，时任翰林院编修。

〔27〕允斌：即沈三曾，字允斌，归安籍，乌程人。沈涵兄。康熙十五年（1676）进士，钦选清书庶吉士。康熙十七年授编修，改中书。《同志赠言》有沈三曾《奉送宁人先生之山右》，云：“三月春风漾柳堤，高人命驾手同携。”

〔28〕度汪：即沈涵，字度汪，一字心斋，沈三曾弟。康熙十五年（1676）进士，选翰林院庶吉士，改授编修。康熙十八年，充会试同考官。所著有《赐研斋诗存》及《左传注疏纂钞》《读史随笔》等。

〔29〕年翁：科举时代称同榜的人或同一年考中的人为同年。翁，对老年男子的尊称。

〔30〕天生北上陈情：谓李因笃于康熙十七年（1678）九月到北京一再恳请辞官之事。天生，指李因笃，号天生。

〔31〕不悉：不一一尽述。

简　析：

李涛（1645—1717），字紫澜，号述斋，德州人，时为京官。其父李允祯，生三子：长渎，次涛，季润。李涛，顺治二年（1645）生于故城县署之鸣琴楼，州廪生。康熙十五年（1676）成进士，改庶常。十七年，授编修，充《明史》纂修官。累官至刑部右侍郎。卒于康熙五十六年元月十一日，享年七十三岁。

顾炎武在这封信中谈道："弟此来关右，不干当事，不立坛宇，不招门徒。""或曰'君子疾没世而名不称'，何与？曰：君子所求者，没世之名；今人所求者，当世之名也。当世之名，没则已焉，其所求者，正君子之所疾也。而何俗士之难寤与？"由此可见顾炎武对于"名"的态度。他之所以"不干当事，不立坛宇，不招门徒"，也正是出于"君子所求者，没世之名"的考虑。

信的最后一段提到的"介眉、允斌、度汪诸年翁"，时皆官翰林院编修。虽然劝勉李因笃"北上陈情"这个主意是顾炎武最先出的，同时他也请了几位京官帮忙说项，但他似乎也没有抱定必成的信心，因为没有前例。没想到，后来经过多方面的努力，加上李因笃坚持不懈地上疏请辞，甚至写出了"当代《陈情表》"，感动了康熙皇帝，竟然获得了成功。这是出乎大家意料的，所以值得庆贺。

这封书信可以当作一篇小论文来读。顾炎武在信中先是开门见山地提出了自己的观点：有名不如无名，有位不如无位。紧接着即以关中好友李颙被荐举博学鸿词之事加以证明。李颙被荐举是因为他名声太大，所以名声太大会给自己带来麻烦。那么，是什么原因使得这些隐士们无容身之地呢？顾炎武追溯了历史原因，认为“自宋太祖惩五季之乱，一举而尽撤之，于是风尘乍起，而天下无完邑矣”。“城郭沟池”减少了防御，使得山林隐逸之地尽被盗贼之类占领，隐士失去了生存之地，如今的伯夷叔齐们想逃入深山不食周粟，陶渊明们想逃避现实隐居于桃花源中，已经是不可能的了。这种推论一层紧似一层，在平静的言辞背后，隐含着顾炎武的无限愤慨。

与李湘北学士书[1]

康熙十七年九月（1678年10月）　陕西华阴

谨启：关中布衣李君因笃顷承大疏荐扬[2]，既征好士之忱[3]，尤羡拔尤之鉴[4]。但此君母老且病，独子无依，一奉鹤书[5]，相看哽咽，虽趋朝之义已迫于戴星[6]，而问寝之私倍悬于爱日[7]。况年逾七十，久困扶床，路隔三千，难通啮指[8]，一旦祷北辰而不验[9]，回西景[10]以无期，则瓶罍之耻[11]奚偿，风木之悲[12]何及！昔者令伯奏其愚诚[13]，晋朝听许；元直指其方寸，汉主遣行[14]。求贤虽有国之经，教孝实人伦之本。是用[15]溯风即路，沥血叩阍[16]。伏惟老先生[17]弘锡类[18]之仁，悯向隅之泣[19]，俯赐吹嘘，仰徼俞允[20]，俾得归供菽水[21]，入侍刀圭[22]，则自此一日之斑衣[23]，即终身之结草矣。若炎武者，黄冠蒯屦[24]，久从方外之踪，齿豁目盲[25]，已在废人之数，而以生平昆弟[26]之交，理难坐视，辄敢通书辇下[27]，布其区区[28]，伏惟矜察[29]。

注　释：

〔1〕本文原载于《亭林文集》卷三。此题为《蒋山佣残稿》卷二书题。其他版本均无句首“谨启”二字，且均题为《与李湘北书》。句末“伏惟矜察”为《蒋山佣残稿》版本所独有，他本均无。李湘北，即李天馥。

〔2〕关中布衣李君因笃顷承大疏荐扬：指李因笃得到李湘北的推荐，将参加博学鸿词考试。关中，古地名，今陕西中部，人称八百里秦川。顷，不久前。疏，上给皇帝的条陈、奏章。荐扬，推荐、称扬。

〔3〕既征好士之忱：征，证明。忱，诚意。

〔4〕拔尤之鉴：拔尤，选拔特别优异的人才。尤，特异，此指人才。鉴，审察，识别，审察力。

〔5〕鹤书：书体名，又称鹤顶书、鹄头书，是古时征召贤士的诏书。《诚斋杂记》：“鹤头书，古者用之以招隐士。”

〔6〕趋朝之义已迫于戴星：趋朝，迅速上朝见驾。趋，疾走，快步而行。迫于戴星，头顶着星辰，连夜奔赴，比喻时间十分紧迫。

〔7〕问寝之私倍悬于爱日：问寝，问安。悬，牵挂，挂念。爱日，指儿子侍奉父母之日，见汉扬雄《法言·孝至》：“孝子爱日。”

〔8〕啮指：咬手指头，形容极为痛心。晋干宝《搜神记》卷十一：“曾子从仲尼在楚而心动，辞归问母，母曰：‘思尔，啮指。’孔子曰：‘曾参之孝，精感万里。’”

〔9〕祷北辰而不验：祷，祷告，祈祷。北辰，北极星。不验，不灵验，愿望没有实现。

〔10〕西景：夕阳，此处借喻死亡。

〔11〕瓶罍之耻：《诗·小雅·蓼莪》："瓶之罄矣，维罍之耻。"此诗为孝子追念父母而作，后因以瓶罍之耻比喻对亲亡的悔恨，或指孝子不能终养父母的羞愧之心。瓶，汲水器。罍，古代盛酒器，也用以盛水。

〔12〕风木之悲：汉韩婴《韩诗外传》有"树欲静而风不止，子欲养而亲不待"句，因此后人常用"风木"或"风树"之悲来比喻儿女不能长久奉养父母的悲痛之情，或指父母去世，不及奉养。

〔13〕令伯奏其愚诚：指西晋李密上《陈情表》之事。令伯，李密字。

〔14〕元直指其方寸，汉主遣行：元直，三国时徐庶字。方寸，指心。汉主，指刘备。典出《三国志·蜀书·诸葛亮传》："亮与徐庶并从，为曹公所追破，获庶母。庶辞先主而指其心曰：'本欲与将军共图王霸之业者，以此方寸之地也。今已失老母，方寸乱矣，无益于事，请从此别。'"

〔15〕是用：因此。

〔16〕叩阍：向朝廷陈情。吏民有冤屈等，直接向朝廷申诉。这里是指恳求李湘北。阍，宫门。

〔17〕老先生：《亭林文集》卷三作"执事"。

〔18〕锡类：谓以善施及众人。《诗·大雅·既醉》：“孝子不匮，永锡尔类。”锡，赐给，给予。类，善。

〔19〕向隅之泣：汉刘向《说苑·贵德》：“今有满堂饮酒者，有一人独索然向隅而泣，则一堂之人皆不乐矣。”隅，屋角，墙角。后因以向隅比喻孤独失望。

〔20〕仰徼俞允：向上求取许可。徼，通“邀”，求、求取。俞允，旧称帝王允许臣下的请求为俞允。俞，犹然，表示应允。《书·尧典》：“帝曰：‘俞，予闻，如何？’”

〔21〕菽水：豆和水。犹言粗茶淡饭。

〔22〕刀圭：古时量取药物的用具，也借指药物。

〔23〕斑衣：彩衣。相传老莱子年七十，“着五色斑斓衣，作婴儿戏，以娱亲”。后用老莱子穿彩衣作儿戏娱亲为侍奉父母的典故。

〔24〕黄冠蒯屦：代指平民。黄冠，古指箬帽之类。《礼记·郊特牲》：“野夫黄冠。黄冠，草服也。”蒯屦，草鞋。蒯，草名。

〔25〕目盲：顾炎武三岁染天花，眇一目。

〔26〕昆弟：兄弟，长者为昆。引申指亲朋好友。

〔27〕辇下：京城。后世尊称天子的车为辇，因而称京城为辇下。

〔28〕区区：诚意。

〔29〕矜察：怜悯体察。矜，怜悯。察，体察。

简　析：

李天馥（1635—1699），字湘北，号容斋，合肥人，寄籍河南永城。清初文臣，曾任户、吏、工、刑等四部尚书，后拜武英殿大学士，深受康熙器重。其砥砺清节，目不眩于五色之惑，并以激浊扬清为己任，大力整顿吏治，驱逐黠吏，奖掖后进，吏部风气为之一清。为官三十余年，职务虽不断变换，但一身正气始终不变。著有《容斋新旧稿》《容斋千首诗》。《碑传集》《清史稿》《清史列传》均有传。

本文作于康熙十七年（1678）李因笃被李湘北推荐应博学鸿词试，抵京陈情之后，时李湘北为内阁大学士。由大学士推荐参加博学鸿词考试，本来是一件十分光荣的事；同时被推荐的，只有秦松龄。时称李湘北慧眼识英才，得人。但是，李因笃本来就不想去，况且家中有老母需要照顾，无奈之下，只好请顾炎武替他想办法推辞掉。这时李因笃已经在百般无奈的情况下参加了考试，并且还得到了一个职位。顾炎武便分别给李湘北和梁清标写了同样内容的信。信中，顾炎武引经据典，反复叙说，替李因笃陈述和请求，并且表明自己虽然是一介草民，年岁已高，齿豁目盲，几成废人，但与李因笃是昆弟之交，因此绝不能坐视不管，请大人务必帮忙，力促事成。京城那边，李因笃连续不停地写了三十七封奏折给皇帝，最终如愿以偿，回到了老家。

在这封信中，顾炎武指出，荐举之事使"求贤"与"教孝"产生了矛盾，而李因笃"母老且病"，所以"问寝之私"甚于"趋朝之义”，希望李湘北能“仰徼俞允”，助李因笃归家奉养老母。文章虽短，但论事辨证，陈情恳切，写出了真诚的赤子之心及其两难的境地，以情动人，因此被人称为新的《陈情表》。文章体现了“身与事接而境生，境与身接而情生”（祝允明语）的美学理念。

这封信一式两份，分别寄给李湘北和梁清标，这两人都是朝中大官。看来在此问题上，两位受信人都是尊重顾炎武的意见，为李因笃成功陈情辞官出了大力的。

与人书三[1]

康熙十八年（1679）

孔子之删述六经，即伊尹[2]、太公[3]救民于水火之心，而今之注虫鱼、命[4]草木者，皆不足以语此也。故曰："载之空言，不如见诸行事[5]。"夫《春秋》之作，言焉而已，而谓之行事者，天下后世用以治人之书，将欲谓之空言而不可也。愚不揣[6]，有见于此，故凡文之不关于六经之指[7]、当世之务者，一切不为。而既以明道救人，则于当今之所通患，而未尝专指其人者，亦遂不敢以辟[8]也。

注　释：

〔1〕本文原载于《亭林文集》卷四，不详写与何人。

〔2〕伊尹：商汤臣，名挚，辅助商汤攻灭夏桀有功，被尊为阿衡（宰相）。

〔3〕太公：指姜子牙。

〔4〕命：命名。在这里与“注”同义。

〔5〕载之空言，不如见诸行事：光说空话，不如付诸行动。见《史记·太史公自序》，引文有省略。

〔6〕揣：度量高低。

〔7〕指：通“旨”，意思，意旨。

〔8〕辟：通“避”，回避。

简　析：

文风与学风密切相关，顾炎武既然提倡务实的学风，必然提倡文以载道、经世致用的文风。这封信标榜前圣，针砭时弊，明确提出了改革文风的主张。顾炎武在其他文章中还说过“文须有益于天下”（《日知录》卷十九），“君子之为学，以明道也，以救世也”（《与人书二十五》），可与此信互参。

与人书六[1]

康熙十八年（1679）

生平所见之友，以穷以老而遂至于衰颓者，十居七八。赤豹[2]，君子也，久居江东[3]，得无有陨获[4]之叹乎？昔在泽州[5]，得拙诗[6]，深有所感，复书曰：“老则息矣，能无倦哉？”此言非也。夫子“归与归与[7]”，未尝一日忘天下也。故君子之学，死而后已。

注　释：

〔1〕本文原载于《亭林文集》卷四，不详写与何人。

〔2〕赤豹：即史可程。据《复社姓氏传略》卷一载：史可程，字赤豹，号蘧庵，大兴籍，祥符人，抗清英雄忠正公史可法同祖弟。崇祯癸未进士，选庶吉士。京师陷，降贼。贼败，南归。可法请置之理，福王以可法故，令养母，可程遂居南京，后流寓宜兴，阅四十年而卒。

〔3〕江东：古代指长江下游南岸地区。

〔4〕陨获：犹丧失志气。《礼记·儒行》：“儒有不陨获于贫贱，不充诎于富贵。”

〔5〕泽州：地名，故治在今山西晋城。

〔6〕拙诗：指顾炎武《酬史庶常可程》，诗中有言：“愿君无受患，受患难负荷。愿君无倦游，倦游意蹉跎。”

〔7〕归与归与：《论语·公冶长》：“子在陈，曰：‘归与！归与！吾党之小子狂简，斐然成章，不知所以裁之。’”归与，即回去吧。谓孔子虽有“归与归与”之言，而其心仍未忘天下。

简　析：

此信怀念友人，同时又借史可程信中的“倦游”之叹，批评了那种以为年老便可放弃做学问的想法，反映了顾炎武严肃认真、刻苦独创、精益求精的治学精神。因年老衰颓而放弃对学问的追求，放弃对社会的关心，这是顾炎武不愿意看到的，然而却是现实生活中十分常见的现象。因此，这篇短文的情感基调异常悲伤。开篇即言：“生平所见之友，以穷以老而遂至于衰颓者，十居七八。”借此引到史可程。顾炎武一方面思念他，另一方面又担心：“得无有陨获之叹乎？”之所以有此一问，是因为在泽州时，史可程曾发出过“老则息矣，能无倦哉”的悲叹。按常理，人老了，也该休息了。然而，顾炎武却明确说：“此言非也。”文章最后，顾炎武又更进一步说：“君子之学，死而后已。”这简短的八个字，掷地有声，数百年来，成了无数学者治学的座右铭。

与人书十[1]

康熙十八年（1679）

尝谓今人纂辑之书，正如今人之铸钱。古人采铜于山，今人则买旧钱，名之曰废铜，以充铸而已。所铸之钱既已粗恶，而又将古人传世之宝，舂锉碎散，不存于后，岂不两失之乎？承问《日知录》又成几卷，盖期之以废铜；而某自别来一载，早夜诵读，反复寻究，仅得十余条，然庶几采山之铜也。

注　释：

〔1〕本文原载于《亭林文集》卷四，不详写与何人。

简　析：

顾炎武把治学、写作的过程比喻为“采山之铜”以铸钱，认为必须经过亲自采掘和反复提炼才能获得真知灼见。他讽刺那些轻取巧窃的当今学者，并用自己的巨著为这种严谨学风提供了一个范例。

更为有趣的是，顾炎武还将“今人”与“古人”做了区分，进行了比较。文章写道：“尝谓今人纂辑之书，正如今人之铸钱。古人采铜于山，今人则买旧钱，名之曰废铜，以充铸而已。所铸之钱既已粗恶，而又将古人传世之宝，舂锉碎散，不存于后，岂不两失之乎？”对那些轻取巧窍的当今学者的讽刺，可谓一针见血。当然，文章也体现了顾炎武治学的严谨与自信，他认为自己所著《日知录》，“庶几采山之铜也”，就和在深山中采铜是一样的。

与人书十五[1]

康熙十八年（1679）

古之疑众者行伪而坚[2]，今之疑众者行伪而脆[3]，其于利害得失之际，且不能自持其是，而何以致人之信乎？故今日好名之人皆不足患，直以凡人视之可尔。

注　释：

〔1〕本文原载于《亭林文集》卷四，不详写与何人。

〔2〕行伪而坚：故作高尚而态度坚定。

〔3〕行伪而脆：故作清高而相当不坚定。暗指那些降清的变节文人。

简　析：

顾炎武十分鄙视和憎恨那些变节投敌的所谓“文人”。他认为，一个人不管到什么时候都要讲“气节”二字。气就是可做之事，节就是不可做之事，这也是他的嗣母一直以来反复叮咛他的。他铭记在心，终身坚守。在给朋友的信中，他尖锐地批评了古往今来那些没有骨气、没有志气的所谓“文人”。处在太平盛世，他们可以自视清高，自命不凡，对别人指手画脚，耳提面命；对国事可以踌躇满志，指点江山。但是，一旦山河变色，朝廷更替，他们的本性就会暴露无遗，或者认敌为友、卖身投靠，或者为虎作伥，成为鹰犬和走狗，替新主子卖命，从不吝惜自己的力气和手中的铁鞭。他们天天唱着高调，把过去的承诺早就丢到了九霄云外。顾炎武是过来人，他听到、看到的实例简直多得不计其数了，就拿博学鸿词考试来说吧，多少所谓“遗民”一听到消息，不禁喜出望外，好像盼到了出头之日一样，堂而皇之地上演了一场轰轰烈烈的“一队夷齐下首阳”的闹剧。清廷为了笼络知识分子，昭示全国：“山林隐逸有志进取，一体收录。”许许多多隐逸于山林的读书人便成群结队、争先恐后地向着考场蜂拥而来，这让顾炎武作何感想呢？

与人书二十一[1]

康熙十八年（1679）

郑康成[2]以七十有四之年，为袁本初强之到元城，卒于军中[3]。而曹孟德遂有“郑康成行酒，伏地气绝”之语，以为本初罪状。后之为处士[4]者，幸无若康成；其待处士者，幸无若本初。

注　释：

〔1〕本文原载于《亭林文集》卷四，不详写与何人。

〔2〕郑康成：即郑玄（127—200），字康成。东汉北海郡高密县（今山东省高密市）人。东汉末年儒家学者、经学家。曾入太学学习《京氏易》《公羊春秋》及《三统历》《九章算术》，又从张恭祖学《古文尚书》《周礼》和《左传》等，后从马融学古文经。游学归里之后，客耕东莱，聚徒授课，弟子达数千人。党锢之祸受牵连，遭禁锢，遂杜门研究，潜心著述。著有《三礼注》《毛诗笺》等，其学世称“郑学”。唐贞观年间，得列二十二

"先师"，配享孔庙。宋代时被追封为高密伯。

〔3〕为袁本初强之到元城，卒于军中：建安五年（200），郑玄已经七十四岁了，年老岁高，常觉身体不适。这年，袁绍与曹操的大军在官渡会战。为壮声势，争取民心和士望，袁绍叫儿子袁谭逼迫郑玄随军。郑玄无奈，只好抱病随行。走到元城，郑玄病势加重，同年六月病逝于该地。袁本初，即袁绍，字本初。

〔4〕处士：有才学而隐居不做官的人。

简　析：

顾炎武举的这个例子，说的这一段话，其实是旁敲侧击地说给当时的清朝统治者听的。于是，在这时进行的博学鸿词考试及前期的准备与后期的善后工作过程中，就出现了拒赴、罢考、辞官的一些类似于当年郑康成一样的文人隐士。被荐应考者一百八十八人，实际应试一百五十二人，最后录取五十名。可见顾炎武的这封信，在当时还是起了一定的作用的。至于他本来不抱希望的为李因笃请辞的事，通过朝野多方面人士的共同努力，竟然取得了成功，这是他没有想到的，也是让他喜出望外的。几个明朝遗民的愿望实现了，本来被扣着大兴"文字狱"罪恶黑帽子的康熙皇帝也因此收获了"不杀士"的好名声。同时，因为录取的人数没有达到三分之一，远低于每三年一次的会试大考，这次博学鸿词考试又被戴上了一顶"严格把关，为国选才""尽入我彀，野无遗贤"的高帽子。天下朝野，皆大欢喜。康乾盛世，由此开创。

与人书二十二[1]

康熙十八年五月（1679年6月）

井叔[2]于崇福宫故址建祠筑垣，以祀宋提举崇福宫十有四公[3]，可谓合礼（韩公维，吕公诲，司马公光，程公颐、颢，刘公安世，范公纯仁，杨公时，李公纲，李公邴，朱公熹，倪公思，王公居安，崔公与之）。今介石[4]复建一堂于此祠之前，而迁二程、朱子之位于中，奉之以为一院[5]之主。其尊师重学之意，非不甚至，但其中若韩公、吕公、司马公、刘公，皆与二程同时，而官品多在二程之上，以朱子视之，则皆前辈也。杨龟山先生，又朱子师之师也。同一祠秩，非有所分别也，而俨然独处于前堂，使诸公并世而生，必不安于其位也。夫鬼神之情，人之情也。子曰："未能事人，焉能事鬼[6]？"窃谓宜仍井叔之旧，而别建一祠以奉程、朱，庶乎得之。

注　释：

〔1〕本文原载于《亭林文集》卷四，不详写与何人。

〔2〕井叔：指叶封（1623—1687），字井叔，号慕庐，又号退翁、桐初。祖籍浙江嘉兴，移居黄冈（今新洲）。清顺治十六年（1659）进士。同年，回黄冈与陈肇昌主持问津书院春季祀典。官授福建延平推官。康熙年间改任河南登封知县，在任重视发展地方教育，主持重修嵩阳书院，使问津书院与嵩阳书院开展广泛交流。后以博学鸿词荐迁工部主事，未任而卒。著有《嵩山志》《嵩阳石刻集记》《慕庐诗》等书传世。

〔3〕十有四公：即下文列出的十四位先贤。

〔4〕介石：指耿介，字介石，号逸庵，登封人，顺治九年（1652）壬辰科进士。康熙十八年（1679），以兵备副使家居讲学。

〔5〕一院：指嵩阳书院。

〔6〕未能事人，焉能事鬼：出自《论语·先进》："季路问事鬼神，子曰：'未能事人，焉能事鬼？'"事，侍奉。

简　析：

这一年，登封进士耿介以兵备副使的身份家居讲学，他打算在由原登封令叶封所建的嵩阳书院的祠堂之前，再建起一所新的祠堂，把朱熹和二程之位迁到里边，奉为嵩阳书院之主。此时在任的登封令张埙拿不定主意，于是就此事写信给客居于此的顾炎武，征求他的意见。这封信就是顾炎武的回信。顾炎武开门见山地指出当初叶封的做法是合乎礼仪的，而耿介这次的提议却是值得商榷的。他毫不隐瞒自己的观点，认为耿介主张祭祀的“十四公”之中，把其中的几个人（韩公、吕公、司马公、刘公）与二程和朱子并列放在一起是不太合适的，因为他们的官品，多在二程之上。在朱子看来，他们都属于“老前辈”，特别是杨龟山，本身就是朱子的老师。把他们放在一起祭祀，从辈分上说，看上去毫无区别，并俨然独处于前堂，假如这几代人并世而生，可能会不安于其位的。鬼神之情，其实跟人情是一样的。孔老先生都说过“未能事人，焉能事鬼”的话啊。因此，顾炎武认为，还是应当尊重叶封原来的做法，再择地建一祠堂用来专门祭祀二程和朱子，这样才符合礼仪。

顾炎武在梳理了诸位先贤的关系之后，心平气和地提出了自己的看法，一点也没有居高临下的意思。这样的答复，现任县令张埙自然相当满意，身为兵备副使的耿介也会心悦诚服。这就是顾炎武的高明之处。

此类问题，顾炎武离世多年后，昆山也遇到过。

清朝康熙四十年（1701）前后，昆山地方上曾经在马鞍山南文笔峰下，建起一座“三贤祠”，祭祀朱集璜、陶琰和朱柏庐，这是在朱柏庐去世后不久，由他的门人王喆生、吕廷章等倡建的，吕廷章有记。后来，同邑巴城的诸世器先生提出：这样做不合适，不能以三贤名来祭祀朱柏庐父子和陶琰，因为他们是两代人；而陶琰又是朱柏庐的舅父兼岳父，更不应该在一起祭祀。众人同意了他的意见，便将祠堂重修，并改了“崇贤”的名字，将同辈分的朱集璜和陶琰两先生木主祀于祠堂的阁房之中。这种祭祀方式，从乾隆五十六年（1791）开始。

看来，在祭祀先贤方面，还是要讲究一下伦理秩序，讲究论资排辈的。这样才符合礼仪，才会使后人不至于计较、议论甚至是讥笑了。

而这一工作，顾炎武早就做过了。

与李霖瞻[1]

康熙十八年四月（1679年5月）

去腊令弟老年翁[2]都中邮到手札，甚感惓切[3]，且知福履弥劭[4]，欣慰欣慰。令弟既侍直銮坡[5]，执事便可优游林壑，亦人生难得之际会也。

又承念及雨公及小儿，敬谢敬谢。雨公改字既足，今从弟问字，二年中便通三经。而小儿以既足为师，名以衍生[6]，亦颇谨饬[7]。本经《毛诗》已完，令节读五经，兼诵先辈八股文百篇，意不在觅举也。趋庭变学，既已引置庄岳之间[8]；挟策[9]读书，亦多从游舞雩之下[10]。

执事谓弟在山东，能有此景况否耶？然弟尚欲为不滞一方之见，今年三月出关，为嵩、少之游，但不事干谒，行资萧然，故未得东来一晤也。

从弟子严[11]今将六旬，连得二孙，今抱其一为亡儿之嗣；而其父洪慎略有才干，家亦小康。他日南北皆可遗种，而老身尚健，亦可往来。既荷注念之殷，不敢不覼缕[12]以报也。弟于不预荐牍，为第一可喜事，则星翁[13]已寄书称庆，不烦再述矣。

注　释：

〔1〕本文原载于《蒋山佣残稿》卷一。李霖瞻，即李浃。

〔2〕令弟老年翁：谓李紫澜，即李涛。

〔3〕惓切：恳切怀念。

〔4〕福履弥劭：福禄更好。福履，犹福禄。弥，更加。劭，美好。

〔5〕侍直銮坡：谓李紫澜任翰林院编修之事。侍，陪从。直，值勤。銮坡，翰林院的别称。

〔6〕衍生：顾炎武嗣子，谱名洪瑞，字茂引。衍生之名，是顾炎武立其为嗣子后所命。

〔7〕谨饬：谨慎而整饬。

〔8〕引置庄岳之间：《孟子·滕文公下》："引而置之庄岳之间数年，虽日挞而求其楚，亦不可得矣。"庄岳，春秋齐国都城临淄城内街里名。

〔9〕策：竹简。

〔10〕从游舞雩之下：语出《论语·先进》："冠者五六人，童子六七人，浴乎沂，风乎舞雩，咏而归。"雩，古代求雨的祭祀仪式。设坛命女巫为舞，故称舞雩。

〔11〕子严：即顾炎武亲弟顾纾。顾炎武出继顾同吉，故称顾纾为从弟。据《昆新合志》：纾字子严，同应第三子。少

负经济才，明亡后绝意仕进，隐居千墩旧庐，居丧哭过哀，目遂盲。秉性耿介，华阴王弘撰称其“暗修于不见不闻之地，不愧隐君子”。

〔12〕覼（luó）缕：详尽而有条理地陈述。

〔13〕星翁：指李星来。听到顾炎武坚拒被人推荐参加博学鸿词考试的消息以后，李星来当即写信表示祝贺。

简　析：

李浃，生卒年不详，字孔皆，一字霖瞻，山东德州人。李涛（紫澜）之兄。早岁通籍。顺治三年（1646）进士，除直隶延庆州知州。后调湖南茶陵州，降补山西芮城县知县。遭战乱归田，杜门三十余年，与世相忘，以著作之事自娱。雅慕陶渊明之为人，筑室曰“陶庵”，贮书数千卷。行年七十，自制一棺，题曰“适斋”。又九年，自著《年谱》成。阅明年，卒。

写这封信的时候，顾炎武的东游之旅已经进行了近两个月。在河南旅次，顾炎武写信向李霖瞻讲述半年来的情况。李霖瞻晚年生活幸福，弟弟李紫澜任翰林院编修，李霖瞻自己也无后顾之忧，可以悠游林壑，真是人生难得之际会啊！李霖瞻的来信中提到了衍生及其师李云沾，顾炎武十分感谢。衍生这孩子也挺谨饬，本经《毛诗》已读完，正按照顾炎武的要求，在有选择地学习五经，同时也接触一下一百篇优秀的八股文章。当然，这么做的用意并不是为了参加科举考试，而是引导他走进这样一个读书学习的良好氛围。顾炎武自己也不拘泥于狭小的范围，在这一年的三月出关进行了一次东游，但是“不事干谒，行资萧然”，所以没有来得及和李霖瞻见上一面。顾炎武从弟顾纾年近六旬，连得二孙，顾炎武抱过来一个作为亡儿之嗣，也就是自己的嗣孙。这嗣孙的亲生父亲，也就是顾纾的独子顾洪慎略有才干，家亦小康。顾炎武说，他日南北都有顾氏的后代，而老身尚健，亦可互相往来。信的最后，顾炎武说自己谢绝了举荐应试，这才是第一件可喜之事，李星来已经来信祝贺。字里行间，透露出少见的欢喜之情。

与叶讱庵书[1]

康熙十八年（1679）

去冬韩元少[2]书来，言曾欲与执事荐及鄙人，已而中止。道义之雅，莫逆于心，可以不谢。[3]

顷闻史局[4]中复有物色及之者。无论[5]昏耄之资，不能黾勉[6]从事，而执事同里人也，一生怀抱，敢不直陈之左右[7]？

先妣[8]未嫁过门，养姑抱嗣[9]，为吴中第一奇节[10]，蒙朝廷[11]旌表。国亡绝粒，以女子而蹈首阳之烈[12]。临终遗命，有“无仕异代”之言，载于志状[13]。故人人可出[14]，而炎武必不可出矣。

《记》[15]曰：“将贻父母令名[16]，必果；将贻父母羞辱，必不果。”七十老翁何所求？正欠一死！若必相逼，则以身殉之矣！一死而先妣之大节愈彰于天下，使不类之子得附以成名，此亦人生难得之遭逢[17]也。谨此奉闻[18]。伏待台命。临书哽切，同馆同乡诸公并乞示之。

注　释：

〔1〕本文原载于《亭林文集》卷三。《蒋山佣残稿》卷二收入时，名为《与同邑叶讱庵书》。叶讱庵，即叶方蔼。

〔2〕韩元少：名菼，字元少，号慕庐，清长洲人。

〔3〕道义之雅，莫逆于心，可以不谢：此十二字，为《蒋山佣残稿》本所有。

〔4〕史局：即史馆，官修史书的机构。

〔5〕无论：不说，不要说。

〔6〕黾勉：努力。

〔7〕左右：信札中用以称呼对方。

〔8〕先妣：顾炎武嗣母王氏。

〔9〕嗣：这里指嗣子。顾炎武从小被过继给堂叔顾同吉为子。

〔10〕奇节：特出的能坚守节操的人。

〔11〕朝廷：此指明朝。

〔12〕首阳之烈：指伯夷、叔齐耻食周粟，饿死于首阳山之事。见《史记·伯夷列传》。顾炎武以此典故赞扬王氏的崇高气节。

〔13〕志状：指顾炎武为王氏所写的《先妣王硕人行状》一文。志状是一种文体，一般用来记述死者的生平事迹。志，记载。状，又称行状。

〔14〕出：出仕做官。

〔15〕《记》：指《礼记》。后面引文见《礼记·内则》，原

文是:“父母虽没,将为善,思贻父母令名,必果;将为不善,思贻父母羞辱,必不果。”

〔16〕令名:好的名声,美名。

〔17〕遭逢:机遇。

〔18〕谨此奉闻:十分恭敬地将这些告诉你。自本句以下,“伏待台命。临书哽切,同馆同乡诸公并乞示之”十八字,为《蒋山佣残稿》本所有。

简 析:

叶方蔼(1629—1682),字子吉,号讱庵,昆山千墩人,叶重华子。清顺治十六年(1659)考中探花,授翰林院编修。“江南奏销案”中被革职。后复职,任会试同考官。担任《明史》《鉴古辑览》等总裁。曾任博学鸿词考试阅卷官,宿学无不中选。曾举荐顾炎武参加博学鸿词考试。做过经筵讲官,直南书房,兼掌院学士,官至刑部右侍郎。卒年五十四岁,赐祭葬,赠礼部尚书,谥文敏。著述丰富。

叶方蔼和韩菼是朝中推荐在野的明朝遗民顾炎武参加博学鸿词考试的两位官员。叶方蔼还两次举荐过黄宗羲出山应考、入《明史》馆修志。他是叶方恒的弟弟,入朝做官较早。韩菼是顾炎武的大外甥徐乾学从遗卷中发现的青年才俊。前一年冬天,韩菼给顾炎武写信,说叶方蔼和他一起向朝廷推荐了顾炎武参加博学鸿词考试,后来因为顾炎武的拒绝而中止了。顾炎武在这封回信中说,想不到最近又听说有人推荐自己进入《明史》馆工作，也不管他已经六七十岁了，不能勉强从事了。顾炎武告诉叶方蔼，因为你我是老乡，所以我只有对你直言了：我的嗣母未嫁守节，断指疗姑，后来又以身殉国，临终遗言，叫我“无仕异代”，不做贰臣，这些都记载在志状里了，因此，任何别人都可以出去做官，而独有我一个不可以。《礼记》里说得好：“能给父母增添好名声的事，一定要去做；将使父母蒙羞的事，坚决不要去做。”七十老翁何所求？我只欠着一死了！若必相逼，那我只有以身殉之了！而我这一死，必将使我母亲的英名大节越发地彰显于天下，而我自己也附以成名，这真是人生难得的机会啊！这封信，也让同馆同乡的诸位先生都看一看吧！

顾炎武义正词严，有理有据，不给对方以辩解的理由。他的陈情终于感动了叶方蔼和《明史》馆里其他的官员，他们满足了他的要求，不再为难他了。

复迟明府书[1]

康熙十八年（1679）

恭惟老年台先生世德渊源，人伦斗极。谈经虎观[2]，东京之士无双；揽辔鹑郊[3]，西土之人咸喜。惟兹华邑，正值冲途[4]。渭水春耕，但见哀鸿之羽[5]；桃林夜雪，未逢归马之时[6]。幸遇仁君，悯斯遗孑[7]。燠休[8]疾苦，起积困于期月之间；蠲省繁苛[9]，出大力于艰难之际。真千载而一遘，庆万井之更生者矣[10]！某某昔以明经[11]，曾叨荐剡[12]。（衍生注：明荐授兵部职方司，未仕。）自从壮岁，便绝意于乘轩[13]，况此暮年，益耽情于漱石[14]。顷者徘徊岳下，偶尔淹留，未审何缘得闻台听？猥承垂问，感愧交并。然而混泥途于甲子，空嗟绛县之年；随辙迹于东西，未息尼丘之驾。有怀就日，尚阻趋风。谨以所刻《日知录》《下学指南》二书呈正，尚容叩谒，以尽仰止之私。不宣。

注　释：

〔1〕本文原载于《蒋山佣残稿》卷三。迟明府，即迟维城。

〔2〕谈经虎观：指东汉章帝时召集大夫、博士、议郎、郎官和诸生在白虎观召开的一次讨论儒家经典的学术会议。虎观，指的是白虎观，即白虎殿，位于东汉京城洛阳，是皇宫里讲论经学的场所。

〔3〕揽辔鹑郊：揽辔，挽住马缰，指点江山。一般说揽辔澄清，表示革新政治、澄清天下的抱负；也比喻人在负责一件工作之始，即立志要革新这件工作，把它做好。鹑郊，指秦地，这里指关中地区。

〔4〕正值冲途：正对着大路，是说华阴的位置十分重要。冲途，犹通衢，大路。

〔5〕哀鸿之羽：鸿雁找不到安栖的地方，没有目的地飞着，悲哀地叫着，身上的羽毛纷纷掉落。形容流离失所的难民呻吟呼救的凄惨景象。哀鸿，哀鸣的鸿雁，比喻啼饥号寒的灾民。

〔6〕桃林夜雪，未逢归马之时：出自《书·武成》："乃偃武修文，归马于华山之阳，放牛于桃林之野，示天下弗服。"后遂以"归马放牛"比喻战争止息，不再用兵。亦省作"归马"。

〔7〕遗孑：指这些可怜的难民。

〔8〕燠休：抚慰病痛者的声音，亦可引申为优恤、抚慰。

〔9〕蠲省繁苛：削减、免除了一些苛捐杂税。

〔10〕真千载而一遘，庆万井之更生者矣：此句称赞迟县

令是千载难逢的好县令，是使华阴大地获得新生、重现生机的好官。

〔11〕明经：汉朝出现的选拔官员的科目，始于汉武帝时期，至宋神宗时期废除。被推举者须明习经学，故以“明经”为名。由郡国或公卿推举，被推举者须通过射策以确定等第而得官。汉代设置这一科，为儒生走上仕途提供了渠道。此句中，顾炎武指的是他曾经有过秀才的身份，明亡后还得到过县令的推荐，获得过一个小职位。

〔12〕荐剡：推荐人的文书，引申为推荐。

〔13〕乘轩：大夫乘坐的车子，后用指做官。

〔14〕漱石：指隐居生活。《世说新语·排调》：“孙子荆年少时欲隐，语王武子，当‘枕石漱流’，误曰‘漱石枕流’。王曰：‘流可枕，石可漱乎？’孙曰：‘所以枕流，欲洗其耳；所以漱石，欲砺其齿。’”

简　析：

迟维城，字屏万，辽宁广宁（明时曾称北镇）人，是康熙十八年（1679）初上任的华阴县令。他对名闻天下的大儒顾炎武仰慕已久，这次到华阴履职，刚一上任，听说顾炎武又一次来到华阴，他极想见上一面，但又不敢冒昧前来，便先写来一封信，以表敬慕之情，并说要是顾炎武不嫌弃的话，他一定要亲自登门拜访。由于对迟维城不够了解，出于谨慎，起初顾炎武并没有显出过分的热情，并且显得态度淡然，只是“差人叩头而已”。

华阴这个地方，正冲着东来西去的通衢大道，往年春耕时节，到处可见逃难的人群。战争不曾停歇，军队过往不断，百姓不得安宁。但这一年，华阴百姓终于幸运地盼来了一位好官——迟维城。他往来奔忙，蠲省繁苛，令万井见人烟，这片土地起死回生，真是可喜可贺啊！

顾炎武看到了华阴的可喜变化，也听到了王弘撰等当地友人对迟县令的交口称赞，于是在给迟县令的回信中对他大大地称赞了一番。

接下来，顾炎武回顾了自己坎坷的一生，表明自己决定在华阴住下来，以此为自己的终老之地。出于对迟县令的敬重，他先将《日知录》《下学指南》两本书呈上，并承诺日后一定登门拜访，以表达自己对迟县令的崇敬和仰慕。

与苏易公[1]

康熙十八年九月（1679年10月）

顷者避地秦中，幸辇上诸公[2]怜其衰拙，察其素心，得免弓旌[3]之召。而敝门人潘耒字次耕，谢病之后，遂奉母入山，不知所往。干木逾垣之志[4]，介推偕隐之风[5]，昔闻晋国，今在吴门[6]矣。

来札惓惓，似以弟为未忘情于利达者，此曾西之所不为[7]也，而为我愿之乎？关中惟中孚一人自痛孤贫阙养，誓终身不享富贵，再辞征荐，竟得俞允。伟元废读，长为攀柏之人[8]；绮里逃名，竟作采芝之客[9]，可谓贤矣。贵地独彪翁[10]引疾，足见高风。即至春明[11]，料必上陈情之表，凡在相知，不当为之劝驾也。关中有考亭书院之举[12]，弟以谫陋，谬主其事。然不坐讲席，不收门徒，欲尽反正德以来诸老先生之夙习，未知如何？

注　释：

〔1〕本文原载于《蒋山佣残稿》卷二。苏易公，不详何人。

〔2〕辇上诸公：谓叶方蔼、韩菼等人。辇上，指京城。

〔3〕弓旌：古代征聘之礼，用弓招士，用旌招大夫。旌，旗。《左传·昭公二十年》："旃以招大夫，弓以招士，皮冠以招虞人。"旃，赤色曲柄的旗。

〔4〕干木逾垣之志：典出皇甫谧《高士传》："段干木者，晋人也，……与田子方、李克……吴起等居于魏，皆为将。唯干木守道不仕。魏文侯欲见，就造其门，段干木逾墙而避文侯，文侯以客礼待之。"干木，谓段干木。

〔5〕介推偕隐之风：指春秋时期介子推奉母隐居，宁死不出之事。

〔6〕今在吴门：潘耒是吴江人，故云。

〔7〕曾西之所不为：《孟子·公孙丑上》："管仲，曾西之所不为也，而子为我愿之乎？"曾西，曾参之孙。

〔8〕伟元废读，长为攀柏之人：据《晋书·孝友·王裒传》：王裒，字伟元，城阳营陵人也。父仪，为文帝司马，以忤文帝意被斩。裒痛父非命，未尝西向而坐，示不臣朝廷也。于是隐居教授，庐于墓侧，旦夕常至墓所拜跪，攀柏悲号，涕泪着树，树为之枯。

〔9〕绮里逃名，竟作采芝之客：绮里，即绮里季，汉初隐士，为"商山四皓"之一，事见《史记·留侯世家》。采芝，见皇甫谧《高士传·四皓传》："秦始皇时，见秦政虐，乃退入蓝田

山而作歌曰：‘莫莫高山，深谷逶迤。晔晔紫芝，可以疗饥。’”又指《采芝操》，琴曲名，相传为汉初“商山四皓”所作。

〔10〕彪翁：谓范镐鼎（1626—约1707），字彪西。山西洪洞人。康熙六年（1667）进士，以母老不仕。十八年，以博学鸿词荐，未起。立“希贤书院”，辑《理学备考》三十卷。不入城市，不谒官府，四方士群称为“娄山夫子”。寿逾八十，门人私谥“文介”。著有《五经堂文集》《五经论略》等。

〔11〕春明：唐都长安东面有三门，中名“春明”，因以“春明”为京都的代称。

〔12〕关中有考亭书院之举：据张穆《顾亭林先生年谱》：康熙十八年（1679），王山史以朱熹曾寄禄华州云台观，欲为建祠堂，兼营书院以居，先生因迁入山史家。考亭，地名，在今福建建阳西南。宋朱熹晚年居此讲学，宋理宗时诏立书院，亲书“考亭书院”四字悬于其门。这里借用其名，以考亭指朱熹书院，其旧址在今陕西省华阴市华山中学校园内。

简　析：

此信的收信人苏易公，不详何人，生平无考。但信中有一句“贵地独彪翁引疾，足见高风”，而此句中的“彪翁”范镐鼎乃是山西洪洞人，可知苏易公也是此地人士。

康熙十八年（1679）六月，顾炎武闲居在汾州刘子端家，在《答次耕书》中，表明了自己不参与纂修《明史》的原因，那就是要遵守嗣母的临终遗命，坚决不仕二朝，不做贰臣。

从这封信中透露出的信息来看，苏易公可能并不十分了解顾炎武的性格和处世态度，认为顾炎武是一个“未忘情于利达者”，对于仕途和官场还是抱着企盼和向往的态度的。顾炎武自然心生不悦，回答说，这是当年曾参的孙子曾西都不愿意做的事情，他又怎么会愿意去做呢？这次博学鸿词考试，整个关中被推荐的人有十几个，只有李颙（中孚）一个人自痛孤贫阙养，发誓终身不享富贵，再辞征荐，竟然得到了批准。当时江南人参加考试的最多，但是昆山被推荐参加的人并不多，除了顾炎武和朱柏庐之外，其他人接受推举并赴京参加考试，结果却没有考取，只能打道回府，很没面子。

信中，顾炎武列举了晋国王裒（字伟元）和汉初绮里季甘愿隐居而不事敌国的感人故事，称他们为古之贤者。顾炎武还说，山西洪洞的范镐鼎也是一位了不得的硬汉子，他以身体有疾为由谢绝参加博学鸿词考试，足见其高风亮节；即使到了北京，他也肯定会上陈情表拒绝的，了解他的朋友们，不必劝阻。

关于自己的情况，顾炎武告诉苏易公说，现在华阴这里有建造朱子祠堂的计划，他自己还担任了负责人的角色，但是他将坚持不坐讲席，不收门徒，并决定以这种方式来一反自正德以来诸位老先生们的一贯做法，不知道会如何。

与施愚山[1]

康熙十八年十一月（1679年12月）　陕西华阴

闻先生近日奉令叔老先生之讳。犹子之训，诸父之名，传之礼经，比于生我，而况先生事叔父如父，孝友之论，无间于乡党者乎[2]？戴封、度尚[3]并以从父忧去官，洪武二十三年始定为不得奔丧之制[4]。则先生之于今日，情虽过于古人，而势有所不得为者矣。

顷者又闻修史之命，窃念列女之传，旧史不遗。伏念先妣王氏，未嫁守节，断指疗姑，立后训子[5]，及家世名讳并载张元长[6]先生传中。崇祯九年，巡按御史王公（讳一鹗）具题，奉旨旌表。乙酉之夏，先妣时年六十，避兵于常熟县之语濂泾，谓不孝□□曰："我虽妇人，身受国恩，义不可辱。"及闻两京皆破，绝粒不食，以七月三十日卒于寓室之内寝。遗命炎武读书隐居，无仕二姓。迄今三十五年，每一念及，不知涕之沾襟也。当日间关戎马，越大祥之后，乃得合葬于先考文学之兆。今将树一石坊于墓上[7]，借旌门之典，为表墓之荣。而适当修史之时，又得诸公以卓识宏才而膺笔削之任。回忆昔时追陪历下，兴言及此，动容称叹，咨嗟久之！耿耿此心，犹如一日。夫共姬之葬，特志于《春秋》；漆室之言，独传于中垒[8]，不无望于阐幽之笔也。

炎武年近七旬，旦暮入地，自度无可以扬名显亲。敢沥诚哀恳，冀采数语存之简编，则没世之荣施，即千秋之风教矣。张传一通及先年□疏札，并在总裁叶、张两君函中。因乏誊手，不能遍呈，并祈鉴宥。

注　释：

〔1〕本文原载于《蒋山佣残稿》卷三。与本文相比，他本之文在内容上或多或少有些残缺或遗漏。内容与《与史馆诸君书》大致相同。施愚山，即施闰章。

〔2〕无间于乡党者乎：施闰章性孝友，自幼父母早逝，养于祖母，事叔父如亲父，凡亲朋故旧求助者，辄赈恤不遗余力，赴人难如己难，又置义田以赡同族贫困之家，在当地既是有名的孝子，又是著名的慈善家。

〔3〕戴封、度尚：戴封，东汉大臣。度尚，东汉时期名将，“八厨”之一。两人都曾以为叔父奔丧而辞官。

〔4〕洪武二十三年始定为不得奔丧之制：明初，因此类事情太多，影响朝廷工作的正常进行，洪武二十三年（1390），明太祖朱元璋始定此类情况不得奔丧之制。

〔5〕未嫁守节，断指疗姑，立后训子：正是这三件大事成就了顾炎武嗣母的不朽英名。未嫁守节，指顾炎武的嗣母为践行婚约，在未婚夫死后仍毅然决然地走入顾家，侍奉老人，勤俭持家。断指疗姑，指嗣母为治婆母疾病，断指煮汤入药。立后训子，指顾炎武在襁褓中就被过继入嗣，由已进入顾家十二年的嗣母王氏精心养育成人。因前两件事，嗣母王氏受到朝廷旌表，名垂青史。《明史》将她的事迹列入《列女传》。

〔6〕张元长：即张大复，字元长，明后期昆山文化名人，中年后目盲，口授著述，有《梅花草堂集》《昆山人物传》等。明代朝廷表彰顾炎武嗣母王氏之贞孝后，张大复曾为她作传。

〔7〕今将树一石坊于墓上：据此可知，崇祯年间的牌坊已被毁弃，顾炎武拿出一百两银子交给顾洪慎，要他代办此事，结果屡遭族人阻挠破坏，再也没有重建。

〔8〕漆室之言，独传于中垒：漆室，本为春秋时鲁国邑名。刘向《列女传·漆室女》载：鲁穆公时，君老太子幼，国事危急，漆室有少女忧国忧民，倚柱悲吟而啸。后用“漆室”作为忧心国事的典故。中垒，西汉有中垒校尉，掌北军营垒之事，东汉省。刘向曾任此职，故后世以“中垒”称之。

简　析：

施闰章（1619—1683），字尚白，一字屺云，号愚山，也称施侍读。宣城人，清初政治家、文学家。清顺治三年

(1646)，考中举人。顺治六年进士及第，授刑部主事。顺治十三年参加高等御试，名列第一，出任山东学政。顺治十八年，调任江西布政司参议，辖临江、吉安、袁州三府。康熙六年(1667)，清廷裁撤道使，被罢官。

施愚山本身就是个很有传奇色彩的人，而且还是一个远近闻名的大孝子。他自幼父母早逝，养于祖母，事叔父施誉如亲父。被罢官后，他坦然归乡闲居十年，一心服侍叔父终老，无意仕途。每遇朝廷征召，他总是称病不就。康熙十八年(1679)，朝廷开博学鸿词科，他仍称病不应，还是叔父一再劝说，他才离家北上，经考核，名列二等第四名，授翰林院侍讲，纂修《明史》。顾炎武写这封信时，施愚山正好在史馆中工作，纂修《明史》。而此前不久，施愚山的叔父在家中病逝，他却要恪守朝中规矩，不得回家奔丧。

顾炎武写这封信给施愚山的目的只有一个，就是请他将自己嗣母的事迹收录入《明史·列女传》。其理由如信中所述。

从顺治十八年(1661)起，顾炎武就开始同清廷官员有了往来。这一年春夏之季，他游杭州，在西湖畔偶遇施愚山，遂与之订交。此后，顾、施之间尚有书信联系。今存《亭林文集》卷三有一封《与施愚山书》，是康熙二十年(1681)写的，其中称："二十余年之交，宛然如昨，素心高谊，不可于今日宦途中求之矣。"顾炎武认为他们两人之间的友谊，是当时官场中所不可能见到的。施愚山本来就是遵守礼制的模范，他当然十分理解顾炎武的心情，帮助顾炎武实现愿望，自然是情理之中的事情。为了保证顺利成功，顾炎武同时也给史馆的其他人写了信。在各方面人士的共同努力下，顾炎武嗣母的事迹被载入了《明史》，王贞孝成为明代正史中记载的仅有的“昆山两烈女”之一。

与友人辞祝书[1]

康熙十九年五月(1680年6月)　陕西华阴

前承面谕，欲携樽相过，重违台命，请待新凉。[2]

顷见子德[3]则云：明府[4]将以贱辰光临赐祝。窃惟生日之礼，古人所无。《小弁》之逐子，始说我辰[5]；《哀郢》之故臣，乃言初度[6]。故唐文皇以劬劳之训[7]，垂泣以对群臣；而近时孙退谷[8]、张篑山[9]著论欲废此礼。彼居常处顺者，犹且辞之，况鄙人生丁不造[10]，情事异人，流离四方，偷存视息[11]。若前史王华[12]、王肃[13]、陆襄[14]、虞荔[15]、王慧龙[16]之伦，便当终身布衣疏食，不听音乐，不参喜事。即不能然，而又以此日接朋友之觞，炫世俗之目，岂不于我心有戚戚乎？知我者当闵其不幸而吊慰之，不当施之以非礼之礼，使之拂其心而夭[17]其性也。用是直摅衷曲[18]，布诸执事，惟祈鉴之。

注　释：

〔1〕本文原载于《蒋山佣残稿》卷二，题作《与郭九芝辞祝》；又载《亭林文集》卷三，题作《与友人辞祝书》。友人，指富平县令郭传芳。

〔2〕前承面谕，欲携樽相过，重违台命，请待新凉：此句十七字，仅《蒋山佣残稿》有，他本皆无。台命，对对方嘱托的敬称。

〔3〕子德：即李因笃，字子德。

〔4〕明府：谓郭传芳，其时为富平知县。古人称太守、牧令为明府君或府君。

〔5〕《小弁》之逐子，始说我辰：从《诗·小雅·小弁》开始，才听到有人说起自己的生日之事。《小弁》，《诗·小雅》篇名，相传为周幽王太子所作，以刺幽王。《小弁》："天之生我，我辰安在？"逐子，谓周幽王太子宜咎。《诗毛传》："幽王取申女，生太子宜咎。又说褒姒，生子伯服，立以为后，而放宜咎，将杀之。"

〔6〕《哀郢》之故臣，乃言初度：从《楚辞·九章·哀郢》开始，才听到有人说起每逢生日该如何如何。《哀郢》，《楚辞·九章》篇名，为屈原初被放逐于江南时所作。故臣，谓屈原。初度，生年，后也称人的生日为初度。屈原《离骚》："皇览揆余初度兮，肇锡余以嘉名。"

〔7〕唐文皇以劬劳之训：唐文皇，即唐太宗李世民。劬劳，辛勤，劳苦。《诗·小雅·蓼莪》："哀哀父母，生我劬

劳。”后因以“劬劳”专指父母养育儿女的辛苦。唐太宗曾在某次生日那天，对臣子们说：“世人皆以生日为乐，我却想到父母养育我的辛劳，哪里还能快乐起来？”

〔8〕孙退谷：即孙承泽（1593—1676），号退谷，山东益都人，明崇祯进士。入清，仕至吏部右侍郎。著有《庚子销夏记》《尚书集解》等。

〔9〕张篑山：即张贞生（1623—1675），字干臣，号篑山，清江西庐陵人。顺治十五年（1658）进士，入翰林，为编修。康熙中，官至侍讲学士。与孝感熊赐履并以理学名。著有《庸书》《圣门戒律》《玉山遗响集》。

〔10〕生丁不造：人生遭逢不幸。丁，当，遭逢。不造，不幸。

〔11〕偷存视息：犹言偷生苟活、苟全性命。息，呼吸。蔡文姬《悲愤诗》：“为复强视息，虽生何聊赖！”

〔12〕王华：南朝宋人。《宋书·王华传》：“王华，字子陵，琅邪临沂人。……父廞。……晋隆安初，王恭起兵讨王国宝，……廞即聚众应之。……国宝既死，恭檄廞罢兵。廞……因举兵以讨恭为名。恭遣刘牢之击廞，廞败走，不知所在。……华……少有志行，以父存亡不测，布衣蔬食不交游，如此十余年。”

〔13〕王肃：北魏大臣，南齐尚书左仆射王奂子。《魏书·王肃传》：“父奂及兄弟并为萧赜所杀，肃自建业来奔……高祖……寻征肃入朝……，（肃）穷谕再期，蔬缊不改。”

〔14〕陆襄：南朝梁人，太清初，仕至度支尚书。《梁

书·陆襄传》："父闲，齐始安王遥光扬州治中。永元末，遥光据东府作乱，……台军攻陷城，闲见执，将刑，第二子绛求代死，不获，遂以身蔽刀，刑者俱害之。襄痛父兄之酷，丧过于礼，服释后，犹若居忧。……终身蔬食布衣，不听音乐，口不言杀害五十许年。"东府，六朝时扬州刺史的治所。台军，六朝时谓官军。

〔15〕虞荔：《陈书·虞荔传》："及侯景之乱，荔率亲属入台。……初，荔母随荔入台，卒于台内。寻而城陷，情礼不申，由是终身蔬食布衣，不听音乐。"六朝时谓天子所居的禁省为台，故称宫城为台城。

〔16〕王慧龙：东晋尚书仆射王愉之孙。初，刘裕微时，愉不为礼。及刘裕得志，愉合家见诛。慧龙自以遭难流离，为沙门僧彬所匿，得免。常怀忧悴，布衣蔬食，不参吉事，举动必以礼。积功，授龙骧将军。

〔17〕夭：折也，摧折。

〔18〕直摅衷曲：直说心里话。摅，抒，布也，发舒也。衷曲，心曲。

简　析：

郭传芳，字九芝，大同威远卫人。其父郭之麟为明末九江府监纪同知。传芳于顺治五年（1648）由拔贡授陕西咸宁县丞，历权郃阳、长安令。康熙十三年（1674），迁富平知县。十九年秋，迁四川达州知州，抵任月余病卒。

这封书信写于康熙十九年（1680）五月二十八日之前，时顾炎武虚岁六十八，居陕西华阴王弘撰家中。此信为辞郭传芳欲为其祝寿而写，体现了顾炎武为人处世的原则。顾炎武在二十五年的北游中，曾和秦晋两省的三位地方官交好，郭传芳是其中与他相交最早的一位，也是待他最为诚挚的一位。

此信篇幅虽短，内容却非常充实。顾炎武为辞绝友人给自己祝寿，在文中裁绿截红、引经据典，不仅说明“生日之礼，古人所无”，而且举出历史上的布衣蔬食者，作为自己效法的对象。这些都大大充实了文章的内容，增强了文章的说服力。另外，在信中，顾炎武饱含感情地陈述了自己的处世原则，具有很强的感染力。例如文中在将自己与孙退谷、张篑山诸人比较时说：“况鄙人生丁不造，情事异人，流离四方，偷存视息。”情辞恳切，感人至深。

与侄公成[1]

康熙十九年五月（1680年6月）　陕西华阴

五月一日，忽接尊公讣音，为之惊悼！即于华阴寓中设一薄祭[2]，率衍生拜奠。仍具菲仪[3]一两寄上，吾侄幸收而致之灵筵。衍生既为人后[4]，尊无二上[5]，止服期年[6]，其心丧仍二十七月而毕。

专此附慰，并启尊堂[7]知之。（衍生谨识：衍生本生父讳鼎文，字闇公。）

注　释：

〔1〕本文原载于《蒋山佣残稿》卷一。公成，即顾公成。

〔2〕薄祭：简单的祭祀仪式。

〔3〕菲仪：这里指拿财物帮别人办丧事的赙金。

〔4〕人后：别人的孩子。

〔5〕尊无二上：按礼制规定，一个男儿只能认一人为父，而没有认两个父亲的道理。

〔6〕止服期年：只服一年的丧。

〔7〕尊堂：对对方母亲的尊称。

简　析：

顾公成，顾炎武嗣子顾衍生的亲哥哥。其父顾鼎文，字闇公，年龄比顾炎武小，顾炎武称他为弟，故称他的儿子顾公成为侄。时在陕西华阴的顾炎武，接到顾公成的消息，得知顾鼎文去世了。震惊之余，顾炎武带着顾衍生立即按照礼仪举行了一个简单的祭祀仪式，并照当地的风俗寄上一两银子作为赙金，请顾公成代为摆在灵堂之上。

照祖上的规矩，一个男孩子做了别人家的嗣子，就只能认嗣父为父了，断无同时认两个父亲的道理，丧期也只服一年，至于心丧则仍以二十七个月为准。顾炎武讲的这个道理，可能顾公成和他的母亲早就知道，之所以在这里强调，顾炎武是想说明自己这样做是有理有据的，是按规矩和老辈人传下来的风俗办理的，合乎礼数，绝不会留下半点夺人之子、强加于人的把柄来供人攻击。

与公肃甥书[1]

康熙十九年(1680)

所谓大臣者，以道事君，不可则止[2]。吾甥宜三复斯言，不贻讥于后世，则衰朽与有荣施矣。此中自京兆抵二崤皆得雨，陇西、上郡、平凉皆旱荒，恐为大同之续。与其赈恤于已伤，孰若蠲除[3]于未病。又有异者，身为秦令，而隔河买临晋之小儿，阉为火者，以充僮竖，至[4]割死一人，前闻骇不敢信，顷乃得实据，□□有遗□□事奉览，可想而知其人也[5]。岂非自陕以西别一世界乎？诚欲正朝廷以正百官，当以激浊扬清为第一义，而其本在于养廉。故先以《俸禄》一议附览[6]，然此今日所必不行，留以俟之可耳。说经[7]之外，所论著[8]大抵如此。世有孟子，或以之劝齐、梁[9]，我则终于韫椟[10]而已。

注　释：

〔1〕本文原载于《亭林文集》卷三；又载于《蒋山佣残

稿》卷一，题《与公肃甥》，列《与公肃甥》第一篇。

〔2〕以道事君，不可则止：出自《论语·先进》。意思是用周公之道的要求来侍奉君主，如果这样不行，那么宁肯辞职不干。

〔3〕蠲除：清除。

〔4〕至：此字在《蒋山佣残稿》中为“或言曾”三字。

〔5〕“前闻……可想而知其人也”句：共二十七字，为《蒋山佣残稿》本所有。

〔6〕附览：《蒋山佣残稿》中作“附正”。

〔7〕说经：《蒋山佣残稿》中作“九经”。

〔8〕所论著：《蒋山佣残稿》中作“所著”。

〔9〕世有孟子，或以之劝齐、梁：指孟子用自己的理论游说齐宣王、梁惠王之事。

〔10〕韫椟：藏在柜子里，亦比喻怀才未用。韫，收藏，蕴藏。椟，木柜，木匣。

简　析：

这封信，是顾炎武所有书信中十分重要的一篇，是顾炎武写给在《明史》馆当监修的外甥徐元文（字公肃）的。其中“诚欲正朝廷以正百官，当以激浊扬清为第一义”一句，习近平总书记曾经在文章和讲话里引用过。这句话的意思是，真的想要让朝廷推行正道，并使百官也以正道治国，就应当以激浊扬清为第一要旨。而激浊扬清的根本，在于培养和倡导廉洁的美德。

信一开头，便引用了《论语》中的话：“所谓大臣者，以道事君，不可则止。”这句话是说，朝中大臣，应以正道服务于国君，如果“王道”行不通，那就只能辞官而去。顾炎武引用这句话的目的，是叮嘱徐元文，作为史官，应引古训今，以使国君推行仁政，并使臣子们也推行仁政。而推行仁政，就要以激浊扬清为首要之务；要激浊扬清，就必须以养廉除腐为根本之计。“激浊扬清”一说，用了“激”“扬”这两个带有鲜明情绪色彩的动词。和不良风气斗争，和恶势力斗争，绝不是吹吹风、挠挠痒，必须要有敢作敢为的勇气、一往无前的冲劲、舍我其谁的担当。在这个大是大非的问题上，是绝不能当“鸵鸟”，也不能当“开明绅士”的。

他在信中还说，他在陕、晋等地都看到过或因雨涝，或因旱荒，饥民流离失所，以致卖儿卖女的惨况。而地方官吏却不顾民众的苦难，非但不免赋税，还趁机聚敛资财，竟有官吏到灾区买儿童当仆役，甚至惨无人道地阉割男童为僮竖，真是惨不忍睹。这样的官吏哪有一点“仁政”的作风啊？顾炎武素怀“明道救世”之心，虽拒不出仕清廷，但对百姓疾苦十分关切。所以，他再三告诫外甥，考古论今，务必要有“体国经野之心”“济世安民之略”，要善于激浊扬清，以正国君、正百官，养廉以施仁政。他的这段话，可谓正本清源之语。正本，就是以仁政为本，即以体恤人民、爱人民为施政之本；清源，就是以养廉为源，除贪污之浊水，扬廉洁之清流。这大概就是先生所说的“驯致乎治平”的正道。习近平总书记早年在浙江任职时，曾在《浙江日报·之江新语》上刊发《激浊扬清　正字当头》一文，引用了顾炎武的这句话，并说，这是告诉我们“要兴国安邦正百官，要稳社固稷泽百姓，就必须惩恶扬善，扶正祛邪，弘扬正气。文官不爱钱，武官不惜命，国家才有希望，社稷才能稳固”，并借此号召党员干部要正字当头，发挥示范引导作用，在全社会进一步形成褒扬正气、贬抑邪气，尊崇廉洁、鄙弃腐化的良好社会氛围。正道在前，我们的国家，我们的民族，必将在激浊扬清中奋力前行。

与公肃甥[1]

康熙十九年（1680）

又[2]，邸报见二疏，深切时事。其捐纳[3]一疏，似必准行，但恐行之而徒为大吏添一矿穴也。吾向在华山，有建朱夫子祠堂之议，今令迟君慨然为之，转求作记一通，辄已具稿，幸吾甥更为删润，发至曲沃[4]。崇祯报有副本否？若来都门，可得借阅否？陈鼎和志铭[5]久成，有一二□时语，且不出也[6]。

注　释：

〔1〕本文原载于《蒋山佣残稿》卷一。

〔2〕又：疑此信为前一封信的附加部分，是写信人一时想起，临时另外加上的，故有时也写作“另”。

〔3〕捐纳：即捐官，是封建社会时期为弥补财政困难，允许士民向国家捐纳钱物以取得爵位或官职的一种方式。捐纳泛滥的结果，是官员腐败，贿赂公行，贪污成风。吏治一坏，

盗贼四起，严重的社会政治问题随之出现。此时，徐元文向康熙上奏折，建议取消实行已久的捐纳制度。顾炎武估计康熙必予准行。

〔4〕曲沃：地名，隶属山西省临汾市，位于山西省中南部。

〔5〕陈鼎和志铭：指忘年交陈梅（字鼎和）老先生去世后，顾炎武应其长孙陈亮工之请写的墓志铭。

〔6〕且不出也：先（暂时）不要公开拿出来吧。

简　析：

这是顾炎武写给徐元文的一封信，内容是讨论“捐纳”一事的，而徐元文恰恰就向康熙皇帝上过有关这方面内容的一个折子，康熙皇帝立即批准实行了。但顾炎武又担心那些寻门钻眼的大吏会因此而攫取更大的利益，后来的事实果然被其言中。朱子祠堂即将建成，迟县令委托顾炎武写的记，顾炎武已经写好了，经过徐元文的删改润色，更加完美了。另外，顾炎武问徐元文，崇祯年间的邸报，如果去京城，能够借阅得到吗？他还告诉徐元文，给陈梅老先生写的墓志铭已经写好了，但因其中有几处违时之语，只好暂且搁置，先不拿出来了。

与弟大云[1]

康熙十九年(1680)　陕西华阴

自弱冠以来，论文道古，昕夕相依者，惟叔父一人，竟作终天之别[2]。每至清风朗月，思之黯然！前托原一甥致奠五金，想已到灵筵，而终以未得躬诣[3]为恨，不知今已卜葬否乎？

吾虽飘零异地，而文章一道，颇为当世所推。念叔父生平，吾集中不可无一篇文字，情至之言，又不在胪列[4]也。作状一通，曾于都门一示白公，为之出涕。时方扰攘，未便录寄。今思吾年六十有八矣，余日无多，岂可不一示吾弟[5]，使焚之于叔父神主之前乎？故特送上。

昆山吴同初，名其沆[6]，吾两人好友也，有诗稿一册在叔父处，吾亦有之而不全。可借与汝嘉侄[7]，将其中五言绝、七言绝句抄来。

叔母[8]想康宁，并祈致问。侨卜华山，将与黄冠[9]偕隐，良晤未期，临书怅惘！

注　释：

〔1〕本文原载于《蒋山佣残稿》卷一。大云，即顾岩。

〔2〕终天之别：终身的分别，从此以后不可再见。喻生死之别。

〔3〕躬诣：亲自前往。

〔4〕胪列：罗列，列举，犹陈列。

〔5〕吾弟：指受信者顾岩（大云）。

〔6〕吴同初，名其沆：吴其沆（1620—1645），字同初，嘉定籍。明诸生。下笔千言立就，试辄高等。每言及君亲之际，侃侃不渝。与顾炎武、归庄友善。顺治二年（1645）于昆山守城，不屈而死。著有《吴同初文集》，殁后由顾炎武整理完成。

〔7〕汝嘉侄：即顾洪慎（1652—1700），字汝嘉，号学圃，顾炎武弟顾纾的儿子。弱冠游京师，补太学，屡试成均名第一，以资授州同知职。顾炎武卒于晋，顾洪慎与顾岩赤胫走三千里，协助顾衍生扶柩还葬祖墓，并命儿子宏佐主其祀，承遗命以宏佐为炎武殇子诒穀后。他和他的父亲顾纾一样，都是给予了顾炎武极大帮助的族人。

〔8〕叔母：顾兰服原配浦氏，继配朱氏、陈氏，妾钱氏，顾炎武均称为叔母。此处指浦氏，她是顾岩的母亲。

〔9〕黄冠：黄色的冠帽，多为道士戴用，借指道士。

简　析：

顾岩，字大云，顾炎武从叔父顾兰服之子。顾兰服卒于康熙十二年（1673），顾炎武曾作《从叔父穆安府君行状》。

顾兰服与顾炎武的关系是很特殊的。说他是叔叔吧，他的年龄却比顾炎武小两岁，是属于“年龄小，辈分大”的那种情况。他是顾绍芬的次子，而他的哥哥顾叶墅就是直接造成顾炎武家难的凶手，顾叶墅从头到尾积极主动地参与不说，并且一直也没有后悔与道歉的表示。明亡后，顾叶墅竟入山为僧，一走了之，连家人也不知道他的下落和归宿。后来顾兰服却和顾炎武相处得很好，就像顾炎武在信中说的那样，“自弱冠以来，论文道古，昕夕相依者，惟叔父一人”。顾兰服似乎有着代兄补过赎罪的意思，他的独生儿子大云（即顾岩），更是继承了良好的家风和遗传基因，对待顾炎武这个族兄，简直就像自己的亲哥哥一样，甚至有过之而无不及。

想到叔父顾兰服一生的为人处世、高风亮节，顾炎武在北京时就曾为叔父写过一篇行状，但由于处于乱世，也就没有及时寄出。如今想想自己年近七十，来日无多，因此便寄给顾岩，以敬献于灵前。早在济南陷狱之初，顾炎武就给叔父写过一封信，请他和诸位亲友不必担心，只需赶快催促即将结束守孝的三外甥徐元文出发，到北京寻找熟人，搭救自己出狱。由此也可见他对叔叔顾兰服是十分信任的。

另外，顾炎武十分怀念自己当年的朋友吴其沆，并一直想帮他出版一册诗集。他把吴其沆的一册诗稿放在叔父顾兰服那里，自己手里也有一本，但是不全。他告诉顾岩，可以把诗稿借给顾洪慎，请其把诗稿中的五七言绝句都抄过来。这件事，就等于是捎带着办了。

复张廷尉书[1]

康熙十九年十二月(1681年1月)　陕西华阴

得拜瑶函[2],具承隆注。顷者双龙出水,乍当乖别之时[3],以致三匝依枝,顿起南飞之念[4]。既荷《白驹》之赋[5],远道相诒[6],坎止流行[7],元无固必[8]。况华下有晦翁旧事[9],历五百余年始得山史[10]为之表章,又十二年,而炎武重游至此。及今不创,更待何人?今移买山[11]之资,先作建祠之举。若改岁[12]之初,旌驺[13]至止,当于华下奉迎。白石清泉,共谈中愫,慰二载之阔悰[14],订千秋之大业,幸甚幸甚!至鄙人侨居之计,且为后图,而其在此,亦非敢拥子厚之皋比[15],坐季长之绛帐[16]。倘逖听[17]不察,以为自立坛坫[18],欲以奔走天下之人,则东林覆辙[19],目所亲见,有断断不为者耳!率此附候,并谢惓切,不宣。

注　释：

〔1〕此信见于《蒋山佣残稿》卷二；又见于《亭林文集》卷四，题作《复张又南书》。张廷尉，指张云翼。

〔2〕琺函：即宝函，敬辞，对别人来信的敬称。

〔3〕双龙出水，乍当乖别之时：《晋书·张华传》："（雷焕）遣使送一剑并土与华，留一自佩……华诛，失剑所在。焕卒，子华为州从事，持剑行经延平津，剑忽于腰间跃出堕水，……但见两龙各长数丈，……须臾，光彩照水，波浪惊沸，于是失剑。"此二句即暗用其事，比喻离别。双龙，比喻宝剑。乖，背离。

〔4〕三匝依枝，顿起南飞之念：魏武帝曹操《短歌行》："月明星稀，乌鹊南飞。绕树三匝，何枝可依？"此反用其意。

〔5〕《白驹》之赋：《白驹》，《诗·小雅》篇名。《毛诗序》谓其为大夫刺宣王不能用贤而作。《文选》中有晋曹摅《思友人》诗："感时歌《蟋蟀》，思贤咏《白驹》。"

〔6〕诒：通"贻"，给予。

〔7〕坎止流行：坎止，遇险则止。《易·序卦》："坎者，陷也。"流行，顺流而行。

〔8〕元无固必：元，同"原"，原本。固必，一定。

〔9〕华下有晦翁旧事：华下，指华山或华阴。晦翁，谓宋朱熹，其字元晦，一字仲晦，号晦庵，故称。旧事，指朱熹曾主管华山云台观之事。

〔10〕山史：指王弘撰，他曾为朱熹之事写过文章。

〔11〕买山：购买山地田舍。《世说新语·排调》："支道林因人就深公买印山，深公答曰：'未闻巢由买山而隐。'"后用以指归隐。

〔12〕改岁：由旧岁进入新年。改，更换。

〔13〕旌驺：对显贵之人的代称，此指张又南。旌，旗的通称。驺，驾车马的小吏或侍从。

〔14〕阔悰：久别而生的怀念。阔，疏远，远离。悰，欢乐，泛指心情。

〔15〕拥子厚之皋比：子厚，指宋代理学家张载，字子厚。皋比，本指虎皮，古人坐虎皮讲学，后因以指讲席。

〔16〕坐季长之绛帐：季长，指东汉马融，字季长。融常坐高堂，设绛帐，前授生徒，后列女乐。后以绛帐作为学师或讲座的代称。

〔17〕遂听：远道听闻，多用于书信中的客套话。

〔18〕坛坫：盟会的场所。坫，土台，这里指讲坛。

〔19〕东林覆辙：东林，明万历间，无锡顾宪成与高攀龙等讲学于东林书院，评议朝政。明天启初，宦官魏忠贤擅权，东林诸人与之对抗，被目为东林党，受到陷害。天启五年（1625），杨涟、左光斗等被捕下狱，"相继死狱中"。八月，"毁天下东林讲学书院"。十二月，"榜东林党人姓名，颁示天下"。顾炎武在此处是说，自己会吸取东林党人的教训，不会蹈其覆辙的。

简 析：

张云翼（1636—？），字又南，清咸宁（今陕西长安）人，时任廷尉。清初靖逆侯张勇次子，康熙二十四年（1685）袭封靖逆侯。后授福建陆路提督，以大理卿驻泉州六载。暇则酌酒论文，弈棋赋诗。著有《式古堂集》。数次拜访顾炎武，并资助他出书。卒谥恪定。雍正间，祀勇贤良祠。

顾炎武与张又南认识得比较晚，并且还是北游五年之后，通过李因笃等人介绍，在初到山西时认识的。张又南比顾炎武要小二十三岁，并且身份很特别，是清初靖逆侯张勇的次子。张勇应该算是“贰臣”：原是明朝将领，降清后又为清朝屡立战功，十一世受恩，九世受封，直到清朝末年。虽是将门之子，但张又南绝不是纨绔子弟。写这封信时，张又南的身份是廷尉，因此顾炎武这样称呼他，显得十分恭敬。

两年前的年末岁尾，张又南深更半夜来到华阴王弘撰家，代父亲向寓居的顾炎武问好，并邀请顾炎武到张勇帐下做幕僚。顾炎武婉言谢绝了他的邀请，并成功地摆脱了盯梢，与衍生连夜出逃，前往同官，二十多天返回之后又东游北上，在外边转悠了十来个月，转了一个几千里地的大圈子回到华阴，想必张又南是不会不知道的。

因此，给张又南写回信，是需要特别谨慎的，同时也需要讲究策略。在说过好几句十分热络的客套话之后，顾炎武便很快地转到正题上来了，专门讲在华山下建立朱子祠堂的事情，别的一概不说。况且在华山下建朱祠，也不是什么新鲜事，五百多年前就有了，王弘撰他们这一次不过是恢复罢了，没什么可大惊小怪的。顾炎武说自己已经把原来打算买田造屋的钱都拿出来用在这件大事上了，还热情地邀请张又南：如果明年年初祠堂建成的时候你能前来，那更是使人喜出望外的事，我们一定热烈欢迎。

至于是否要长期住在这里，顾炎武还是犹豫再三，没有做出最后决定。有人怀疑说，他顾炎武是不是想在这里自立讲坛，结交天下学人，自立门派呢？顾炎武坦然一笑，解释道：这话说到哪里去了，东林诸人的遭遇，我亲眼所见，断断不会重蹈覆辙的，你尽管放心好了！这就消除了张又南的疑心。

张又南自己也有着深厚的历史文化功底，他与顾炎武进行过多次交谈，两人都十分倾慕对方。另外张又南还是有恩于顾炎武的，他在康熙初年就出资为顾炎武刻印过《左传杜解补正》一书，两人已经有将近二十年的交情了。

通过这封信，我们看到了顾炎武的另一个侧面：他是特别会保护自己的。在处世待人方面，他既有坚定的原则性，又有高度的灵活性。明明是避之唯恐不及，他却偏偏说成是静候着贵宾的到来，在白石清泉的优美环境中，共谈中愫，以“慰二载之阔悰，订千秋之大业”！在那个充满杀机、危机四伏的时代，文网处处，荆棘遍地，稍有不慎，动辄得咎。他只有这样，才能掌握主动权，正常地、顺利地做自己乐意做的事情。在那样恶劣的大环境之中，他能够自由自在地游历北方，登山越岭，访今温故，实在是很不容易的。“艰难困苦，玉汝于成”，他成功了。

答王山史[1]

康熙二十年（1681）

尊指具达□迟公（维城字屏万，时为华阴令），想即日发银矣。程丁庀务，多借贤劳，弟惟进祝一语：无贻四方观者讥议而已。规制一幅呈上，虽出鄙见，亦参中孚、天生、仲复诸君之论，幸详阅之。如有不合者，亟为教示，当闻义而徙[2]。若作者不合此式，而或归咎于弟，弟不任受矣。更有请者：官以主管云台入衔，书以云台真逸自号，若欲舍此而另求地，则适以犯众口之雌黄，尤断断不可也。

注　释：

〔1〕本文原载于《蒋山佣残稿》卷三，原文排在“与王山史、又、又”之后，仅以“答”一字为题，结合信中内容和语境来看，可推测也是写给王山史（即王弘撰）的。

〔2〕闻义而徙：知道了道理就去实行。徙，接近、靠近。

简　析：

这封信主要是和对方讨论建朱子祠堂的事情。顾炎武的态度是很明确的：我把图纸给你看了，希望你提出意见，以便我来改正。这图纸虽然是我设计的，但是我参考了当地几位朋友，比如周至李颙、富平李因笃和渭南王建常等人的意见，如果建造者没按图纸来做，或是另搞一套，而将责任推到我的头上，我是不会接受的。但是如果舍弃这块地方而另择一地，那么可能会引起谣言是非，是万万不可行的。从顾炎武的口气来看，这事情没有商量的余地。

病起与蓟门当事书[1]

康熙二十年十月(1681年11月)　山西曲沃

天生豪杰，必有所任，如人主于其臣，授之官而与以职。今日者拯斯人于涂炭，为万世开太平，此吾辈之任也。仁以为己任，死而后已，故一病垂危，神思不乱。使[2]遂溘焉长逝，而于此任已不可谓无尺寸之功；今既得生，则是百姓保留而玺书之勉劳者也[3]，又可[4]怠于其职乎？今有一言而可以活千百万人之命，而尤莫切于秦、陇者，苟能行之，则阴德[5]万万于[6]于公[7]矣。请举秦民之夏麦秋米及豆草一切征其本色[8]，贮之官仓，至来年青黄不接之时而卖之，则司农[9]之金固在也，而民间省[10]倍蓰[11]之出。且一岁计之不足，十岁计之有余，始行之于秦中，继可推之天下。然谓秦人尤急者，何也？目见晋人倚借旗势，将银放与凤翔[12]之民，一两要麦三石，一两要米四石。此尚能支持岁月否[13]乎？捐[14]不可得之虚计，犹将为之，而况一转移之间，无亏于国课[15]乎？然此必不能行者也。《易》曰："牵羊悔亡，闻言不信。"至于势穷理极，河决鱼烂[16]之后，虽欲征其本色而有不可得者矣。救民水火，莫先于此。使小民得以存其生，而事可次第举也。病中思此，已笔之于书，而未告诸在位[17]。及读国史[18]，有正统[19]中，遣右通政李畛等官粜米[20]，得银若干万之书，则昔人有行之者矣。

特建此说，以待高明者筹之。

注　释：

〔1〕本文见于《蒋山佣残稿》卷一，又见于《亭林文集》卷三，但前者比后者多出二十余字，且中间个别文字也有互异情况。蓟门，故地在今北京西南。当事，据专家考证，即收信人于成龙。

〔2〕使：假如，如果。

〔3〕则是百姓保留而玺书之勉劳者也：《亭林文集》卷三作“是天以为稍能任事而不遽放归者也”。

〔4〕可：《亭林文集》卷三作“敢”。

〔5〕阴德：暗中施德于人。

〔6〕于：对于。

〔7〕于公：指收信人于成龙。

〔8〕本色：自唐末至明清，缴纳的实物赋税称本色，折成钱币或他物的称折色。

〔9〕司农：本系汉代官名，为九卿之一，主管钱粮，亦称

大司农。清代因户部主管钱粮田赋，故亦俗称户部尚书为大司农。

〔10〕省：《蒋山佣残稿》作“者”，误，此据《亭林文集》卷三校订。

〔11〕倍蓰：倍，一倍。蓰，五倍，泛指好几倍。

〔12〕凤翔：县名，属陕西。

〔13〕否：《亭林文集》卷三无此字。

〔14〕捐：税收，摊捐。

〔15〕国课：国家的税收。

〔16〕河决鱼烂：比喻事情已糟到不可收拾的地步。

〔17〕在位：即当事者。

〔18〕国史：指明朝的历史。

〔19〕正统：明英宗朱祁镇年号，时当1436—1449年。

〔20〕遣右通政李畛等官粜米：右通政，明代置通政司，凡臣民建言、陈情、申诉及军情灾异等事，录其事送所司办理，事重者得请旨裁决。有通政使、左右通政、左右参议、经历知事等官。李畛，明正统年间任右通政，曾奉命来苏松地区巡视。此事虽善，但其行事不慎，左副都御史吴讷规劝，反被诬入狱。粜，卖出粮食。另，《亭林文集》卷三“遣”字前有“尝”字。

简　析：

这是顾炎武病起之后写给别人的最后两封信中的一封。

此信问世三百四十多年来，作注者蜂起，但绝大多数都在“则阴德万万于于公矣”这一句上注错了，大多是见而为难，绕开不理；有的说“于公，不知何人”；有的却将“于于”当成一个形容词，解释为“自得的样子”。

据顾炎武研究专家、华东师范大学教授王家范先生近年考证，收信人即被康熙皇帝称为“天下廉吏第一”的于成龙。于成龙（1617—1684），字北溟，号于山，山西永宁州（今山西省吕梁市方山县）人。清顺治十八年（1661）起，先后任罗城知县，合州知州，黄州府同知、知府，代理武昌知府，福建按察使、布政使、巡抚和总督等职，后迁任兵部尚书、大学士等职。康熙十九年（1680）升任直隶巡抚，康熙二十年十二月升任两江总督，此间顾炎武给他写了这封信。

此信行文极为简洁，思路也极明晰。文章本为向当政者提建议，所以一开始即陈述提建议的理由：“今日者拯斯人于涂炭，为万世开太平，此吾辈之任也。仁以为己任，死而后已，故一病垂危，神思不乱。”虽寥寥数笔，但作者之阔大胸襟及以民生疾苦为念的情怀却展露无遗，充分体现了他“先天下之忧而忧，后天下之乐而乐”的爱国思想和“天下兴亡，匹夫有责”的历史责任感。

虽然说这时已是“康乾盛世”的开端，但是全国各地的发展极不平衡，贫富差距也很大。就拿顾炎武当时所在的陕西来说，陕北赤贫，陕南小康，关中有东府、西府之分，相比起来，西府就显得落后、贫穷。顾炎武信中所说的，就是灾荒之年西府农村的状况，灾民遍野，甚至出现了卖妻鬻子、人相食的悲惨景象。

顾炎武认为，在这种情况下，如果花一定银两将农民当年的余粮收购起来，到第二年青黄不接时再卖出去，就既接济了饥民，又杜绝了以高利贷盘剥百姓者的生财之道。这些想法，是他在生活实践中总结出来的，既具可行性，又有历史依据，因此具有很强的说服力，充分显示了顾炎武在去世前不足五个月时，即使自己垂老体衰、百病缠身，也要为民请命、为民纾困，直至鞠躬尽瘁，死而后已的精神。"一病垂危，神思不乱"，他依然实践着"天下兴亡，匹夫有责"的主张，并继承着孔子"仁者爱人"的思想。

"拯斯人于涂炭，为万世开太平，此吾辈之任也"，这句话正气凛然，体现了顾炎武可贵的爱民情怀和坚强的爱国意志，数百年来，激励着无数仁人志士以"此吾辈之任"为担当，前仆后继，不懈奋斗，谱写可歌可泣的为中华崛起而抗争的壮丽史诗。

国民党元老于右任先生是陕西三原人，他读过这封信后特别受感动，一直念念不忘，从心底里感谢顾炎武先生为自己家乡受苦受难的老百姓申诉苦情、说话请命的一片赤诚之心和感人举动。在后半生，于右任先生曾把顾炎武的这句名言，写成一千多件条幅，赠送给朋友、同僚和来宾。他把顾炎武的这一名言传遍了整个华人世界。

编后记

党的二十大报告强调，中华优秀传统文化源远流长、博大精深，是中华文明的智慧结晶。挖掘、弘扬古代先贤思想，是传承中华优秀传统文化的重要组成部分。习近平总书记在2016年全国哲学社会科学工作座谈会上，提到中华民族25位思想大家，昆山人顾炎武名列其中。“天下兴亡，匹夫有责”是他的传世精神，更是中华民族的精神写照。

为传承优秀传统文化，昆山市档案馆（地方志办公室）、昆山市顾炎武研究会主动担负起挖掘和弘扬顾炎武思想文化的重任，已合作编辑出版《旷世大儒顾炎武》等书籍，收到了良好的社会效果。2023年是顾炎武诞辰410周年，为此，双方再次拓展与深化顾炎武思想研究新的题材领域，策划推出《顾炎武信札释读（选编）》。

信札，又称手札、书札、笔札、尺牍，是古人进行远距离通信的主要载体。在研究中，编者发现顾炎武的生平经历，特别是北游期间的踪迹，史籍中少有提及，而在其信札中,却留存着大量的线索。信札作为原始凭证,可以反映顾炎武所处的时代的时事、政治、人情世风以及他本人重要的人生轨迹、学问发轫与交友等多方面情况。基于顾炎武信札具有较高的历史价值与文献价值,也是顾炎武思想的重要补充和参考资料,昆山市档案馆(地方志办公室)和昆山市顾炎武研究会着手开展顾炎武信札收集和释读工作,并委托郭志昌先生担纲。经过多年收集,发现顾炎武存世的信札有200余封,我们从中选取了50封思想意义和学术价值较高的信札,对其进行注释、简析,汇集为《顾炎武信札释读(选编)》公开出版,为日后释读顾炎武信札全集积累经验、打好基础。

在本书的编纂过程中,参考了周可真、华忱之、张兵、唐敬杲等先生的有关研究成果,昆山市顾炎武研究会陈建林先生也对本书贡献良多,在此一并表示谢忱!

囿于时间有限、所见版本优劣不一及编者识见不敏,书中难免存在疑误。谨以拳拳之心释读这些信札,供读者参考,就教于方家,欢迎批评指正。

编者

2022.12